中國기독교 이단

조유산과 동방번개의 실체

고바울 저

도서출판 북소리

• 머릿글 •

진실하고 전면적이고 계통적으로 조유산과 그가 창교한 〈동방번개〉에 대해 서술한다는 것은 도전이 충만된 일이라고 할 수도 있는 것이다.

필자는 이 책을 펴내는데 있어서 중점을 문학적 서술에 두지 않고 사건의 시간적 순서와 인터뷰할 때에 인터뷰를 받는 대상자들이 말한 사실을 가공하지 않고 그대로 기록하는데에 중점을 두었다.

오랜 시간동안 사람들은 〈전능하신 하나님의교〉, 〈융왠교파〉, 〈동방번개〉등등의 이름이 한개 교파의 이름인지? 아니면 서로 연관이 있으면서 상호 영향을 끼치지 않는 여러 교파의 이름인지? 알 수가 없었을 것이다. 특히 〈동방번개〉의 창교자 조유산은 도대체 누구인가?
또 "여 그리스도, 여 하나님" 양향빈은 도대체 누구인가? 그들은 어떤 관계인가?
그들은 어디서부터 선교를 시작하고 어떻게 선교하였는가? 하는 것에 대해 어리둥절하였을 것이다.

이 모든 것이 2001년후부터 밝혀지기 시작했다. 그해 6월에 조유산과 양향빈은 부부의 신분과 〈동방번개〉 창교자의 신분으로 미국에 "종교박해"를 핑계로 정치피난을 신청했다.

2001년 이후, 특히 2012년12월 〈세계종말〉 소문과 2014년 5월 중국 대륙 싼뚱성 쪼왠시 맥도날드에서 살인사건이 일어난후에 중국의 각종 매체와 TV, 인터넷, 신문 등에서 조유산과 〈동방번가〉에 대해서 보도하기 시작했다. 그외에 한국에도 조유산과 〈동방번개〉에 대한 많은 책들이 나왔지만 여러가지 원인으로 인해서인지 전면적으로 상세하게 기록된 책이 없었다. 어떤 내용들은 사실에 부합되지 않았다.

　　본 책에서는 조유산의 전처와 친 동생, 친구, 이웃, 동료, 조유산의 초기의 기독교회의 지도자들, 〈동방번개〉 조직의 신도들에 대한 인터뷰를 통해서 비교적 상세하게 조유산의 출생으로부터 시작하여 그가 어떻게 성장하고, 어떻게 창교하였는가 하는 것과 조유산의 〈동방번개〉사교 조직이 사회와 가정에 끼친 위해성에 대해 비교적 상세하게 기록하였다. 그외에도 중국의 당시의 종교 상황과 종교정책 에 대해서도 약간 언급했다.

　　이 책은 신앙이 있는 사람이든 신앙이 없는 사람이든 누구든지 우리 자신과 우리의 후대들의 심신건강과 안정을 위하여 꼭 한번쯤은 읽어봐야 할 아주 필요한 책이다.
　　저자의 문화 수준의 제한으로 이 책에 많은 부족점들도 있으리라 생각하는데 광범위한 독자들의 많은 양해를 구한다.

저자 **고 바 울** 목사

• 추천글 •

진 용 식
한국장로교 총연합회 이단대책위원장
예장 고신 이단상담소 소장

　중국에서 발생한 이단인 동방번개는 중국에서 엄청난 규모의 이단으로 성장하여 중국 교계 뿐 아니라 사회 문제 까지도 일으키고 있으며 최근에는 국내에도 유입되어 적지 않는 규모로 성장하고 있다. 동방 번개는 내부 정탐꾼 이라는 것을 만들어 교회에 침투시켜서 교인을 빼내는 방법으로 포교를 하고 있는데 이는 국내의 신천지 추수 꾼과 유사한 포교 방법이다. 이에 국내에서도 이러한 동방 번개에 대한 경계와 대처가 시급한 실정이다. 그러나 동방번개에 대한 마땅한 정보나 자료가 없어서 동방번개를 대처하는 일이 쉽지 않은 실정이다.

　차제에 고바울목사가 동방 번개의 발생과 역사를 소설식으로 설명한 《조유산과 동방번개의 실체》를 내놓게 되어 기쁘게 생각한다. 고바울목사는 동방번개에 대하여 충분한 지식을 가지고 동방번개의 발생으로부터 자세하게 기술하였다. 이 책은 동방번개에 대한 정보들과 비성경적인 교리들을 명확하게 이해 할 수 있는 중요한 교재라고 생각되어 한국교회 목회자들과 성도들에게 추천하며 필독을 권한다.

2017년 10월 27일

• 추천글 •

서 영 국 목사(D.Min)
한국장로교 총연합회 이단대책위원장
예장 고신 이단상담소 소장

　한국 교계에 이단이 여기저기서 독버섯처럼 솟아나고 있다. 이단들은 국내를 발판삼아 세계로 퍼져나가고 있다. 정통교계와 교회, 개인이 대처하고 막아내는 일에 많은 어려움을 겪고 있는 것이 현실이다. 이런 상황에서 또 다른 이단이 출현하였다. 중국에서 발생하여 중국사회와 교계에 혼란을 초래했고 한국까지 침투한 동방번개이다. 문제가 있다는 것은 말하고 있지만 구체적인 내용과 그에 대한 대책이 쉽지 않았다. 기쁘고 감사한 사실이 생겼다. 고바울 목사를 통해 "조유산과 동방번개"가 출판하게 된 것이다. 고바울목사를 통해 동방번개의 실체와 문제가 낱낱이 드러났다. 암암리에 침투하여 많은 사람들을 적그리스도 조직에 가담케 하는 그들의 실체와 거짓성을 폭로하였다. 이단전문가 뿐만 아니라 모든 목회자와 성도까지 읽고 연구하여 대처할 수 있는 귀한 책이라고 믿는다. 고바울목사의 수고와 헌신의 작품이 중국과 한국사회 속의 독버섯 "조유산과 동방번개"를 닦는 중요한 역할을 할 것이다. 이단 연구전문가인 본인이 이런 귀한 책을 추천할 수 있어서 영광이다.

　적어도 동방번개를 바로알고 대처하기 위해서는 이 책을 읽기를 추천하며 권하는 바이다.

2017년 10월 27일

| 목차 |

머릿말 2
추천글 4

제1장 • 빈곤자제

제1절 출생   9
제2절 굶주림   13
제3절 학생시절   19
제4절 개명의 풍파   23
제5절 반란파   26
제6절 묘망한 인생   29

제2장 • 취직하고 가정을 이루다

제1절 목수 일을 배우다   33
제2절 일자리를 얻다   36
제3절 철도 노동자로 이어받다   38
제4절 신혼   43
제5절 재산을 나누고 분가하다   47
제6장 집 짓기   49

제3장 • 열광적으로 신앙생활을 하다

제1절 종교를 신앙하다   51
제2절 아내를 권고하여 종교를 신앙하게 하다   56
제3절 빈번하게 일자리를 바꾸다   58
저4절 자폐증   65
저5절 친인들의 죽음   67

| 목차 |

제4장 · 융왠교파(永源教派)

제1절 종교신앙자유 70
제2절 세례받는 것에 대한 불일치 73
제3절 융왠(永源)으로 떠나가다 84
제4절 비밀 모임 장소 86
제5절 하나님을 믿던데로부터 '실제 하나님'을 믿다 89

제5장 · 자신을 '하나님'으로 봉하다

제1절 교파에 가입하다 95
제2절 '호함파'는 어떤 조직인가? 97
제3절 헛소문으로 대중을 미혹하다 100
제4절 '동방번개'로 불리우다 109
제5절 도망다니다 115

제6장 · '여 하나님'을 조작하다

제1절 창왠에서 잠시 머물다 117
제2절 골똘히 생각하다 120
제3절 양향빈(杨向彬)을 우연히 만나다 121
제4절 음모적인 간증 128
제5절 원래는 애인이였다 133
제6절 아이를 낳다 140

| 목차 |

제7장 • 선교를 조직하다

제1절 동역자 회의를 소집하다   146
제2절 동굴   147
제3절 교리를 구축하다   150
제4절 출국하다   153
제5절 선교를 조직하다   155

제8장 • 사람들에게 화를 끼치다

제1절 실정을 알아보고 길을 내다   158
제2절 협박하다   162
제3절 제멋대로 재물을 긁어모으다   169
제4절 악행이 빈번하게 일어나다   172
　유형1: 자살 승천 유형   173
　유형2: 친인을 증오하고 구타하는 유형   175
　유형3: 악령 제거 유형   179
　유형4: 세상을 구원하기 위해 십자가에 죽이는 유형   180
　유형5: 헌금으로 평안을 구하는 유형   181
　유형6: 핍박당하여 자살한 유형   182
　유형7: 병을 치료하다 죽게 하는 유형   183
　유형8: 보복 협박 유형   184
　유형9: 자기들의 의향을 따르지 않으면 구타하는 유형   184

• 후기
동방번개의 십계명   188

제1장
빈곤자제

제1절
출생

옥천하는 사실 큰강이라고는 할수 없고 그냥 작은 시냇물이라고 하면 더 타당할 것 같다. 야꺼우(亚沟)진도 실제 별로 특별한 곳이라고 할 수 없었고 더구나 이름 있는 곳이라고 할 수도 없었다.

옥천하는 남으로부터 북으로 관통하여 아슈하(阿什河)로 흘러들어가 마지막으로 송화강과 합류한다. 송화강은 중국 동북 지방 허이룽쨩(黑龙江)성 내에서 제일 큰 두 강 중의 하나이다. 다른 하나는 북쪽 끝에 있는 흑룡강인데 바로 중국과 러시아 사이의 큰 경계강이다.

들은 바에 의하면, 아슈하는 청 왕조 때 아러추카하(阿勒楚喀河)로 불렸었지만 후에 아슈하로 이름을 바꿨다고 하며 대청산(大青山) 남쪽 기슭에서 발원되었다고 한다.

구불구불한 아슈하

아청(阿城)은 역사가 오래된 도시이며 금나라 상경회녕부(上京会宁府)가 이곳에 위치하여 있다. 지금 이곳에는 이미 상경 박물관을 지었고, 역사의 증거로 정확히 이 시대의 역사 발전과 문화 변천을 기록하였다. 이곳을 지나는 강의 이름이 아러추카하(阿勒楚喀河)이기 때문에 이 도시의 이름도 아러추카성(阿勒楚喀城)이라고 지었다. 후에 아청으로 고쳐서 지금까지 쓰고 있다.

지금의 아청은 허이룽쟝성 소재지인 하얼삔(哈尔滨)시의 관할하에 속하며 한개의 구로 되었다. 아청은 하얼삔 동남방향으로 약 23킬로미터 되는 곳에 위치하고 있다. 그리고 야꺼우는 아청의 한개 작은 마을이며 지금은 하얼삔시 아청구 야꺼우 거리로 불리우고 있는데 아청시가지 동남방향으로 10킬로미터 안되는 곳에 위치해 있다. 야꺼우 거리는 상경회녕부와 2킬로미터도 안되기 때문에 이곳은 만족의 발상지로 불리우고 있다.

야꺼우진은 원래 아주 조용한 마을이였다. 매번 기차가 지나갈 때만 경적을 울리곤 하여 이름 없는 새들이 놀라서 공중의 사면팔방으로 날아가곤 하였다. 어떤 때는 기차에서 몇명의 손님이 내릴 때에야 비로서 이곳에 사람들의 떠들썩하는 소리가 들리곤 하였다.

1951년12월12일은 그 무슨 특별한 날은 아니고 바로 엄동이 밀려오는 시절이다. 눈꽃은 예나 다름없이 춤추듯이 공중에서 흩날리고 북풍은 휙휙 소리내며 불고 땅에는 두꺼운 눈으로 쌓여있었다. 산도 다 눈에 덮였고 강도 다 눈에 덮였으며 산위에 있는 나무와

조유산의 출생지 (이미 헐었음)

강변의 나무들에도 다 눈이 쌓여 있었다.

옥천하는 이미 갈수기에 들어갔으며 큰 눈으로 빈틈없이 꽁꽁 싸여 있었다. 혹여나 몇곳에서 어부들이 얼음에 구멍을 내고 고기 몇마리를 잡곤 하였다. 허나 눈이 너무 많이 쌓인 원인으로 다들 일찍 집으로 돌아갔다.

본책의 주인공이자 '전능하신 하나님교'의 창교자인 조유산(赵维山)이 바로 이날에 야꺼우진에서 태어났다.

조유산이 태어난 집은 야꺼우 역과 멀지 않은 정거장 동쪽 정원의 첫번째 집이었다. 뜰 안은 그다지 크지 않으며 동서는 좁고 남북은 길었다. 지면은 평탄했고 집의 앞과 뒤는 모두 공지였다. 공지에는 아무 오락 시설도 없었고 주위는 어스선한 나무 울타리만 있었다. 이곳에 있는 집들은 철도 노동자들의 가족 구역이고 정원은 하나 하나씩 빽빽하게 연결되여 있었다. 매 집마다 면적은 큰 편이 아니었는데 겨우 삼 사십 평방미터에 불과하였다. 정원의 중심에서 집으로 들어가면 바로 주방이 보인다. 주방은 문이 없고 열려져 있으며 낮디낮은 부뚜막은 땅위에 만들어져 있었고 아궁이는 까맣게 되어있는 것이 딱 보면 이 집은 위생 습관이 아주 깨끗하지 않다는 것을 알 수 있었다. 주방의 양켠에는 각각 방 하나씩 있었는데 문으로 막혀 있었다. 방안으로 들어가면 남쪽켠 창밑으로는 온돌인데 너덜너덜한 돗자리가 평평하게 깔려 있었다. 지붕에는 시렁을 달아 맺는데 몇개의 검은 구멍이 보였다. 방의 중심에 서있으면 사람들로 하여금 몹시 비좁은 감을 느끼게 하였다.

지금은 한 여름이고 날씨가 무덥지만 우리 일행은 이곳을 고찰하러 왔다. 이곳의 집들은 다 비어 있고 잡초들이 자랐는데 어떤 잡초는 허리까지 닿을 정도이고 어떤 잡초는 사람의 키보다도 더 컸다. 쥐들이 바닥에서 달아나 가끔씩 울어대는 닭들의 소리도 들리곤 하였다.

  만약 조유산이 이 책을 여기까지 읽었다면, 자신이 태어난 곳을 되새겨 보게 될 것이다.

  조유산 아버지의 이름은 조광발(赵广发)이고 노 공산당원이며 마르크스주의를 신앙한다. 1944년에 철도 사업에 참가하였고 1949년 국경절 전야에 입당하였다. 어머니의 이름은 이계영(李桂荣)이다. 두 사람은 모두 아청 써리향 써리촌 쑤즈린툰(阿城猞猁乡猞猁村树子林屯)에서 태여났고 그후 야꺼우진 철도에서 일하게 되자 곧 인접한 야꺼우진으로 이사하게 되었다.

  조광발의 아버지 조고(赵库)는 삼형제이며 허뻐이 러팅(河北乐亭)현에서 기근으로 인하여 동북 허이룽쨩으로 피난 왔었는데 그때 그의 집에는 아이들만 열 형제여서 번창한 대 가족이라고도 할 수 있었다. 조광발 외에 또 조유산의 다섯째 삼촌과 일곱째 삼촌도 공산당원이였다.

  조광발과 이계영은 중매인을 통해 알게 되어 부부가 되었다. 결혼후 다른 부부들과 마찬가지로 아이를 낳고 키우기에 바빴다. 첫째와 둘째는 도두 딸이였다. 이것은 "끊임없이 대를 이어야 한다"는 조상들의 전통적인 관념을 가진 가정으로 놓고 볼 때 그렇게 완전히 좋은 일은 아니였다. 하여 조광발 부부와 그들의 부모님들은 모두 아들을 낳기를 바랬다. 이런던차에 조유산이 태어나자 모두들 무척 기뻐했다. 그래서 그들은 아이에게 운이 좋은 이름을 지어줄려고 상의하던 중 《곤》(坤)이라는 글이 좋고 또한 깊은 의미가 담겨 있다고 생각되어 조곤(赵坤)이라고 이름을 지었다.

제 2 절
굶주림

조곤의 출생은 아무런 특별한 징조도 없었고 더구나 가정에 그 무슨 아무런 행운도 가져오지 않았다. 아버지 조광발은 여전히 철도선에서 평범한 노동자로 근무하였고, 어머니 이계영은 계속 야꺼운 철도의 하역부에서 잡무를 처리하고 있었다.

이곳에서는 철도 노동자의 가족들이 거의 다 하역팀에서 일했고 매일의 업무는 어느곳으로 가는지도 모르는 물품을 하나하나씩 기차에 싣고 내리는 것이였다. 그때는 짐을 싣고 내리는 설비가 없었기 때문에 완전히 사람의 힘으로 하였다. 조군의 어머니도 다른 하역부들과 똑 같았다. 별다른 특별한데가 없었다.

조광발과 이계영은 조곤 후에 연속 아이를 일곱명이나 낳았는데 그 중에 한명이 남자 아이이고 나머지 여섯명은 모두 여자 아이였다. 이렇게 그들 부부는 한평생 열명의 아이를 키웠는데 그중에 남자 아이는 두명이고 나머지 여덟명은 여자 아이였다.

성인 두명과 아이 열명이 겨우 삼 사십평방미터(중국평수)밖에 안되는 집에 같이 살고 있다는건 참으로 대체 어떤 생존 구조 상태인지 이해가 안된다. 아마 "붐벼서 말이 아니다" 라는 단어로만 형용 할 수 밖에 없을것 같다. 왜냐하면 사람마다 거의 개인 비밀이라곤 말할 나위가 없었다. 여자가 속 옷를 갈아입거나 부부관계를 할때도 은밀하지 못한 가운데서 해야만 했었다. 이런 가정 구조는 아이의 계몽 교육과 개인 습관의 양성에 대하여 너무나 불리했다.

하지만 그때 당시 교육 책임을 지니고 있는 가장 조광발과 이계영 부쿠는 이점을 예상치 못한 것이 뻔하다. 그렇지 않는 한 그들은 이토록 절제없이 아이를 낳지는 않았을 것이다. 조광발과 이계영 부부는 아이들을 힘들게 키우지 않으면 않되었다. 물론 그들도 당연히 장래에 아이들이 남보다 뛰어나고 출세하여 밝은 미래가 있길 바랬다. 허나 괴로운 것은 그들 부부는 아이들을 교육하는 마땅한 방법을 찾지 못하여 늘 아이들을 큰 소리로 꾸짖거나 아이들에게 악담을 퍼붓는 평범하고도 분망한 나날을 보내는 수밖에 없었다.

이십세기 오 육십년대에 중국은 물자가 극도로 결핍하여 보편적으로 경제 위기가 나타났다. 조곤네는 매달마다 열 두명에게 양식을 제공해야 하기 때문에 가정 경제위기가 더 심하여졌다. 전 가족이 배불리지 못하고 항상 '굶주림'에 시달렸다. '굶주림'이란 그 시대에 중국 대륙에 보편적으로 존재하여 중국인들 마음속의 잊혀지지 않는 '악마'였다.

중국의 저명한 소설가 장결(张洁)이 일찍이 한편의 회억체 소설을 썼었는데 책 이름은 《냉이 캐기》였는데 소설에서는 전문적으로 '굶주림'의 모습에 대해 묘사했다. 심지어 중점적으로 기자가 너무 배고픈 나머지 부자집의 옥수수를 도둑질하여 쫓겼던 험한 일까지 서술하였다.

"어릴적, 나는그토록 음식을 탐했다! 아직 연하디 연하고 꽃봉오리도 나지 않은 장미 가지의 껍질만 벗기면 나는 먹을 수 있었고 금방 베어낸 끌도 벌집과 같이 입에 넣을 수 있으며 익지 않은 옥수수와 익지 않은 대츳, 그리고 익지 않은 완두...도 다 먹을 수 있었다. 그때에 무슨 다른 방법이 있겠는가? 나는 너무 배가 고팠다! 그런 굶주림이 언제 내곁을 떠났는지 기억이 안난다. 지금도 매번 다시 그때 상황을 생각할 때마다 언제나 내 기억속에 제일 뚜렷한 생각은 여전히 '굶주림'이다."

이토록 섬세하게 '굶주림'의 모습을 묘사한 장결의 소설이 조유산에게 어떤 느낌을 줄수 있을런지? 그때 특수 시대에 마음속에 파묻혀 있던 선명한 인물과 또렷한 사건들 그리고 잊지 못할 감정들을 얼마나 기억해낼 수 있을런지?

끊임 없이 아이를 낳은 것 때문인지 조곤의 어머니는 가끔 영양실조와 혈당 농도가 떨어져 두통과 어지럼 증상이 자주 나타났다. 그래서 그는 아이들의 수행하에 자주 병원에 갔고 많은 돈을 써서 주사를 맞고 약을 먹었다. 이는 가정의 경제 위기와 현실 곤경을 더욱 힘들게 하였다.

어찌 됐든 조곤은 점점 커가고 있었다. 몸은 영양실조여서 인지 배고픔에 많이 시달려서인지 확연히 동급년 아이들 보다 왜소했다.

조곤은 조씨네 큰 아들로써 가업을 진흥시키는 큰 사명을 지고 있어 부모님은 그에 대한 요구도 더 높았다. 그래서 때론 부모님의 요구에 도달 못했을 경우에는 고지식하고 자식을 교육할 줄 모르는 아버지의 꾸지람을 피하기 어려웠다. 이는 아버지에 대한 조곤의 역반응 심리를 야기시켰다. 이런 것들은 모든 사람들의 회억록과 그의 남동생 조옥(趙玉)의 구술을 통해 짐작해낼 수 있었다. 다시 말하면 조곤은 시종 부친에 대한 감정이 충심에서 우러난 것이 아니였다. 심지어 아버지께서 돌아가실 때까지도 그는 충심에서 우러나는 호감을 표현한적이 없었.

그들은 음식이 부족하여 항상 굶주림에 시달린 상태에 처해 있었다. 조광발은 여유 시간을 이용하여 철도 변에 황무지를 개간하고 조곤과 조옥 두 형제를 데리고 밭에다 옥수수나 수수같은 농작물을 심었다. 일이 많을 때는 조곤의 외할아버지와 외할머니까지 오셔서 일손을 도와주곤 하였다.

봄과 가을 사이 때면 조곤은 동생과 다른 친구들과 같이 옥천하로 가서 고기와 새우를 잡고 기름 개구리를 잡거나 혹은 철도 변에 있는 들에서 나물을 캐기도 하였으며 느릅나무에 올라 느릅나무 열매를 따기도 하였다. 느릅나무 열매는 물에 끓여서 먹을 수 있을 뿐만 아니라 밥과 함께 비벼 먹을 수 도 있었다.

하지만 조곤은 무슨 일을 하든 마지막까지 견지할 때가 적었고 모두가 절반만 하다가 중도에서 혼자 가버리곤 하거나, 혹은 다른 일을 하거나, 혹은 다른 사람을 부르거나 혹은 다른 사람에게 불려서 같이 놀러가고 나머지 일들은 모두 남동생과 여동생들한테 맡기곤 했다.

이런 점에 대해서는 조곤의 동생 조옥이 인터뷰할 때에 얘기를 했었다.

기자: 그 당시 가정 상황이 안 좋았나요?

조옥: 그렇지요. 집안 식구가 많고 형제가 열명이다 보니 양식이 늘 부족했지요. 저의 기억속에서는 어릴때 너무 가난하여 늘 바구니를 들고 철도 양옆에 가서 나물을 캐거나 느릅나무 위에 올라가서 느릅나무 꽃을 따서 옥수수나 밀기울 속에 섞기도 했어요.

기자: 그럼 조곤씨는 당신들과 같이 갔나요?

조옥: 처음에는 같이 갔어요, 그런데 후에는 틈만 나면 친구들에게 불려가서 보통 우리들끼리 많이 갔어요.

이런 옛날 일들, 특히 굶주림에 관한 얘기를 꺼낼 때 조옥은 매우 감개

했다. 그것은 그의 가슴 깊이에 오래 동안 내제되어 있던 고통이었다.

그리고 일을 하다가 늘 중도에서 그만두고 마지막까지 실행하지 못하는 형님의 행위 표현에 대해 동생 조옥은 의견이 있었고 자주 불만 정서를 드러냈다.

조유산의 동생 조옥

어찌 됐든 조광발의 집은 줄곧 가난하여 항상 식량이 떨어지는 경지에 처하였고 굶주림의 위기에 이르렀다. 빈곤과 굶주림은 조광발 가족의 정상적인 상태였다. 겨 껍질을 먹고, 나물을 먹고, 사탕수수즙을 짜고 남은 찌꺼기와 설탕즙을 짜고 남은 찌꺼기를 먹었고, 심지어 제일 힘들때는 나무 껍질도 먹은적이 있었다. 이는 전쟁시기의 간고한 세월이나 기근이 든 그런 세월에나 발생할 수 있는 보기드문 일이였다. 그러나 조광발의 집을 놓고 볼때 의외로 너무도 보편적인 일이였다.

야꺼우 기차역에 직원 두명이 있는데 한명은 이름을 예복곤(艾福坤)이라 부르고, 다른 한명은 이름을 왕소봉(王绍峰)라 부르는 안전원이다. 그들 둘은 모두 조곤과 같은 시대 사람들인데 몇살 차이가 나지 않았다. 그들은 아직도 조곤의 난감했던 옛날 일들을 기억하고 있었다. 예를 들면 예복곤의 말로는 조곤이 겨를 너무 많이 먹어 변비에 걸린적도 있었다고 하는데 이것은 하나의 참으로 더 이상 있을 수 없는 최악의 사정인 것 같았다. 예복곤은 여기까지 말하고 잠깐 쉬었다가 계속 말했는데 실은 자기 자신도 그런 최악의 경험이 있었다고 한다. 주식을 먹지 못하고 겉겨나 옥수수 가루만 먹다보니 며칠 동안이나 뒤를 못 보는데 그것이야 달로 가장 괴롭다고 할 수 있는 것이였다.

조곤보다 몇살 어린 왕소봉의 기억으로는 어릴때 조곤은 아이들과 그다지 어울려 다니지 않았고 친구들과 같이 놀지도 않았으며 아이들 무리에서는 조곤을 보기가 힘들었다고 한다. 어릴때의 조곤은 남들보다 뛰어난 능력도 없었고 특이한 점도 없었다고 한다. 야꺼우진에 살고 있는 사람들은 조곤이 자기보다 큰 아이들의 뒤에 졸졸 따라다니며 누구를 따라야 할지 어찌할바를 모르는 모습이였다고 한다.

어린 조곤의 마음속의 중심 인물은 도대체 누구였을까? 혹은 그에게 영향을 가장 많이 끼친 사람은 누구였을까? 이것은 분명히 큰 문제였다. 왜냐하면 이 문제는 대체 어떤 사람이 조곤의 선량함, 동정심, 그리고 자연을 사랑하고 생활을 중요시하며 아름다움을 추구하는 천성을 참답게 배양하고 세우느냐 하는 문제와 관련되기 때문이다. 지금까지 장악해온 재료들을 보면 이 방면에 대해 아직도 명확하고 투명하지 못하다. 아마 이 방면에 대한 교육이 원래 존재하지 않았다고 말할 수 있다. 이는 그의 인생의 체인에서 결핍한 중요한 고리이다. 분명한 것은 조곤의 아버지와 어머니는 이런 것을 능히 감당할 수 있는 인물이 아니였다. 이런 것들은 아주 분명히 조곤의 성장 과정에 유감으로 남아 있는 것이다.

이상의 서술은 다만 조곤의 10살이전의 옛 이야기였다. 그러나 이 책의 내용으로 놓고 볼때 조곤의 어린 시절의 생활은 제일 중요한 관건 중의 하나이다.

이상의 조씨의 빈곤과 굶주림에 대한 두가지 묘사, 즉 문화상의 빈곤과 경제상의 굶주림에서 조곤의 어린 시절의 얼룩적을 엿볼 수 있다. 지금 비록 그의 어머니와 할아버지, 할머니, 그리고 외할아버지와 외할머니께서 조곤의 훗날의 심리상과 정신상에 끼친 영향은 판단하기 어렵지만 한가지 비교적 명확한 것은 그의 아버지가 그한테 끼친 어떤 영향은 아주 나빴다는 것이다. 그래서 조곤은 그의 아버지를 그다지 좋아 하지 않았고 그의 '반항'행위도 아버지를 '반항'하기로부터 시작되였던 것이다.

제 3 절
학생시절

옥천하의 물은 햇빛 아래에서 천천히 흐르고 있다. 한편으로 북으로 아슈하에 흘러들어가고, 한편으로는 조용히 이 유역내에 매 사람마다의 인생 궤적과 매일 일어나는 모든 일들을 기록하고 있다.

물고기, 새우와 개구리들은 물안에서 목적없이 자유롭게 노닐고 있으며 가끔씩 물 위에 머리를 내밀어 수면에 동심원을 그리며 잔잔한 물결을 일으키곤 하였다. 물속의 풀들은 바람에 따라 좌우로 흔들리고 있었다. 때론 새들이 이 일대의 수초에서 다른 일대의 수초로 날아가고 또 다시 날아서 어디론가 가버렸다.

1958년, 전 국민이 다 함께 '대제강'(大炼钢铁)하는 '대약진'(大跃进)운동이 전 중국 전역을 휩쓸고 있었다. 허이룽쨩성 하얼삔시 아청구의 한

야꺼우(亚沟)진
중심초등학교 원지

구석진 곳에 자리잡은 야꺼우진도 예외가 아니었다. 심지어 더욱 적극적으로 표현하였다. 어떤 사람들은 도저히 아무 물건도 내놓을 것이 없으니까 마지못해 자기 집에 있는 가마를 부셔서 바치는 수밖에 없었다. 식구가 12명인 조곤의 집에서는 가마를 빼곤 아무 것도 내놓을 것이 없는지라 불가피하게 사람들을 피하여 멀리서 바라보는 수밖에 없었다.

    2년후, 조곤이 10살이 되었다. 드디어 굶주림 속에서 그의 어린 시절을 지내왔는데 또 계속 굶주림을 참으며 '어떤 결과도 없다'고 미리 정해진 학생 시절을 시작하였다.

    야꺼우진에는 초등학교가 하나밖에 없었는데 바로 야꺼우 중심초등학교였다. 조곤은 10살부터 초등학교를 다니기 시작하여 15살에 졸업하였는데 모두 이 학교에서 보냈다. 초등학교는 그의 집과 멀지 않았는데 바로 조곤네 집 뒤에서 50미터도 안되는 곳에 위치해 있었다. 교사는 한줄로 된 용마루가 우뚝선 빨간 기와집이고 십여칸이 되며 담장으로 둘러싸여 있었다. 교실은 아주 초라하고 심지어 난방설비도 없어 겨울이 되면 교실 중간에 난로를 피워 난방을 해결 하였다. 애들은 돌아가면서 석탄이나 나무 혹은 짚을 들고 와서 당번에 따라 난로를 피우곤 하였다.

    지금은 야꺼우진 가도(街道〈도시의 구 아래의 작는 행정단위〉)에서 투자하여 다른 곳에 새로운 교사를 지었다. 아주 높은 층집이고 여러 층으로 되어 있다. 학교 운영 조건이 드디어 개선 된 것이다. 그리고 옛 초등학교는 이미 사람들이 다 가고 집도 비어 있는데 도처에 풀들이 가득 자라 많은 개미들이 기어다니고 이름도 모를 벌레들이 풀속으로 날아다니면서 울부짖기도 하고 개론 족제비 비슷한 종류의 동물이 풀에 바짝 붙어서 멀리로 도망가는 것을 볼 때도 있다.

만일 조유산이 여기까지 읽은 후 눈을 감고 어릴때의 모교를 생각한다면 어떤 상상과 개탄이 있을까?

윗 문장에서 얘기 했던 예복곤은 이전에 조곤의 난감한 일들을 말했었다. 예를 들면 조곤이 대변을 못 보았다는 일, 또 조곤이 초등학교를 다닐때 성적이 그다지 좋지 않았고 아주 보통이였으며 타고난 자질이 총명한 것도 아니고 뛰어난 기억력을 갖춘것도 아니였다는 등등이다. 여기로부터 우리는 조곤이 학교에 다닐때 비록 사람들이 그의 존재를 알고 있었지만 그에게 탄복하지는 않았다는 것을 볼 수 있었다. 이런 점에 대하여 조곤의 집 사람들한테서도 증명을 받았다.

조곤의 학습성적에 대하여 조곤의 동생 조옥은 이렇게 이야기하였다.

기자: 조유산(조곤)은 어릴때 표현이 아주 돌출했나요? 학교 선생님들께서 칭찬하거나 혹은 어떤 평가를 주었나요?

조옥: 그때 우리 촌의 애들 중에서 그는 나이가 제일 어렸고 나이가 제일 큰 애가 우두머리하여 그를 따라다니면서 같이 놀곤 하였지요. 학교 선생님이 그를 칭찬했는지 안 했는지는 잘 모르겠는데, 아마 강씨라는 국어 선생님께서만은 "조곤이 글씨를 잘 쓰는데 일반적인 사람은 따를 수 없다"고 말씀하신 적이 있는 것 같아요. 학습성적도 괜찮았어요. 중 상등생에 속하였지요. 다른건 별로 없어요.

동생 조옥이 보기엔 형은 다른 아이들과 다른 동창생들과 비해볼 때 별로 특별한 면이 없는 보통 아이였다. 조옥은 조곤코다 한살 어리고 일년을 늦게 학교에 입학하였다. 형에 대한 존경 심리 때문인지 형은 그의 마음속에서 서예든 성적이든 모두 우수했었다. 조곤의 학습 상황에 대하여 조곤의 전처 부운지(付云芝)도 자신의 보는 견해가 있었다.

기자: 조유산(조곤)은 학교에서 학습성적은 어땠나요?
부운지: 그는 공부도 잘했고 학교의 대대장이었어요.
기자: 상품을 받았거나 상장을 받은적은 있나요?
부운지: 없어요.
기자: 지금은 그가 "전능하신 하나님"을 믿기에 사회 각계의 고도의 관심과 농후한 흥취를 불러일으켰는데 당신들이 함께 생활하는 동안에는 그에게 이상한(뛰어난 재능)것이 없었나요? 아픈적은 있었나요?
부운지: 아픈적 있었지요. 그는 정상적인 사람이고 육체를 가지고 있기에 정상적으로 감기에도 걸리고 열도 나고 했었지요.

조곤은 와이프 안 중에 당연히 정상적인 사람이였고 피와 살이 있는 평범한 사람이였다. 예를 들면, 감기에 걸리거나 열이 나면 병원으로 가서 의사에게 보이고 주사를 맞거나 약을 먹었다.

하지만 와이프가 한가지 여전히 인정하는 것은 바로 조곤이 학교 다닐 대에 학습 성적이 아주 좋았고 아주 우수하였으며 정치 사상도 비교적 진보하였고 또 이전에 야꺼우 중심초등학교 소년선봉대 대대장이라는 영광스러운 직무도 맡았었다는 것이다.

이것은 아마도 '사랑하면 마마자국도 보조개로 보인다'라는 옛 속담이 응한 것인가 본다.

제 4 절
개명의 풍파

조곤이 초등학교에 다닐때 발생한 한가지 사실은 조곤이 심한 자아 중심적이고 고집스러운 성격 결함이 있다는 것을 제일 잘 표현할 수 있었다. 바로 그와 그의 아버지 사이에서 일어난 '개명 풍파'였다.

본책의 전 문장에서 이미 소개했었지만 조곤은 집에서 처음으로 태어난 아들로서 집안에 커다란 기쁨을 가져다 주었기어 모두들 상의하여 아이에게 행운스러운 이름을 지어주기로 했었다. 곤은 《주역》속의 한 괘로서 여섯개 음효로 구성되어 대지의 넓음과 여성의 미덕을 상징하였다. 만약 남성도 이런 미덕을 가져야 한다면 그것은 응당 정상인 것이다. 왜냐하면 이런 여성의 미덕으로 완전히 군자의 덕을 형용할수 있기때문이다. 아마도 이 이름은 고지식한 조광발의 교육 희망과 조곤이 인재가 되기를 바라는 기대를 얼마간 담았을 것이다.

그리고 중국에서는 부모님이나 윗 어른들께서 지어주신 이름은 아이들 본인이 마음대로 고칠 수 없었다.

만약 자신의 이름에 대하여 무조건 고쳐야 한다면 중국 고대의 문인과 선비들처럼 따로 자(字) 나 호(号)를 지어 자신의 취향과 애호를 표달할 수 밖에 없었다. 그러나 이름과 자, 호는 뚜렷히 다른 별개의 것이다. 이름은 피휘의 견해가 있다. 즉 옛날 군주, 선조, 존장 등의 이름을 마음대로 부를 수 없고 또 이름어 있는 글자를 말하거나 쓰기를 꺼려 그 글자를 다른 글자로 바끄거나 공란으로 남겼다. 이렇게 웃 어른의 이름을 마음대로 부를 수 없으니까 자(字)와 호(号)를 평시에 자주 서로의 호칭으로 사용하였다. 이것은 중국에서 하나의 상식이였다. 그 중에 체현된 것은 바로 중국인의 효도와 유가 윤리였다. 부모에게 순종해야만 효도에 부합된다는 것이였다.

학교에 입학한 조곤은 자신의 이름에 대하여 아주 불만스러워했다. 바로 이 원인 때문에 그는 부모에게 순종하지 못하였을 뿐만 아니라 오히려 부모를 거역하고 부모에게 욕설을 퍼붓고 또 부모가 무식하여 이름을 지을줄을 모른다고 생각했었다. 하여 그는 부모와 크게 싸우고 부모의 천탁함과 무식함을 비난하였다.

뿐만아니라 조곤은 또 사사로이 학교에서 소개장를 끊어가지고 야꺼우 공사 파출소에 가서 자신의 이름을 조유산(赵维山)으로 고쳤다.

본 책의 다음 서술부터 조곤의 이름을 조유산이라고 고쳐 부르겠다.

조유산이 부모님이 지어준 이름을 쓰지 않고 버리는 것은 불효의 표현일 뿐만 아니라 부모님들의 교육 희망과 이름 중에 기대한 사랑, 선과 미의 도덕가치를 은밀히 버리는 것이다. 조유산의 그후 기나긴 세월 속의 모든 행위를 결합해 보면 그는 부모님들의 '군자 인격' 목표의 교육 기대와 이름 중에 기대한 사랑, 선과 미의 도덕가치를 철저히 버렸다는 것이 완전히 증명되였다.

조유산의 '개명 풍파'에 대하여 조옥은 이렇게 회상하면서 얘기했다.

기자: 그의 본명은 조곤이 아닌가요? 그런데 후에 조유산으로 고쳤는데 어떻게 된 일인지 아시나요?

조옥: 네, 본명은 조곤인데 후에 사사로이 학교에서 소개장를 끊어가지고 야꺼우 공사 파출소에 가서 자신의 이름을 조유산(赵维山)으로 고쳤어요. 이 일때문에 우리 아버지와 한바탕 크게 말다툼도 하고 싸웠죠. 그는 아버지한테 "나에게 조곤이라는 이름을 짓다니요, 이 시시한 이름은 말도 안되는 이름이예요." 라고 했어요. 그가 왜 이름을 조유산으로

바꿨는지 우리도 몰라요. 후에 그는 나보고 자기처럼 이름을 바꾸라고 권고했어요. 그러나 저는 그의 말을 듣지 않고 거절했어요. 그가 바꾼 이름 '유산'은 '산과 산을 서로 연결하다'라는 뜻인데, 아마 그 무슨 발전을 기대했나봐요.

여기로부터 조유산이 '개명'하는 이 일로 인하여 조유산과 그의 아버지 조광발 사이의 충돌이 얼마나 심하고 치열했는지를 볼 수 있었다. 그리고 한때 존경했던 형의 행의에 대한 동생 조옥의 강렬한 불만도 볼 수 있었다.

이번의 '개명 풍파'는 부모님들로 놓고 볼때 그들이 받은 비할 바 없는 침중한 타격은 말하지 않아도 알 수 있었다. 이건 아이가 부모님의 권위를 향하여 한차례 공개적으로 도전한 것이라는 것을 표명한다. 그 중에는 자식으로서 부모를 모욕하고 선조들을 존중하지 않는 성분도 섞여 있다. 무슨 영문으로인지 조유산이 비록 '개명 풍파'에서 성공했지만 이는 부모님들에게 말할 수 없는 심중한 타격과 지워버릴 수 없는 마음의 상처를 남겨주었다.

이 '개명 풍파'는 조유산이 부모의 권위와 전통, 도덕, 신앙에 대한 한차례의 반역시도라고 말할수 있다. 연이어 더욱 큰 반란이 아직 학생 시절을 보내고 있는 소년 조유산을 기다리고 있었다.

가족을 지킬거라고 기대했던 조유산은 정반대의 길로 걸어갔다. 그는 부모님의 기대를 위반했을 뿐만아니라 갈 수록 고향과 점점 더 멀리 떨어져 심지어 조국을 떠나갔다.

제 5 절
반란파

　　1966년은 중국인들을 놓고 말할때 의심 할 나위 없이 참을 수 없이 고통스럽고 차마 과거를 기억하기조차도 싫은 해였다. 그 해에 '좌'의 사상 영향을 받은 중국의 영도자들은 북경에서 전례 없는 '문화대혁명'을 일으켰다. 순식간에 이 운동은 북경에서부터 전국 각지의 구석진 곳에까지 다 영향을 끼쳤다. 당연히 허이룽쨩성 하얼삔시 아청구 야꺼우진도 예외가 아니였다.

　　이해 조유산은 아직 만 십 오세가 되지 않았고 초등학교 6학년을 다니고 있었다. 그러나 '문화대혁명'의 영향을 받은 조유산은 단호히 교과서와 책과 필을 놓고 작은 붉은기를 들고 초록색 군복을 입고 앞장서 '반란파'를 조직하였는데 이름은 '붉은기 전투대'였다. 그 당시 학교의 다른 반급들도 분분히 '반란파' 조직을 성립하였는데 여러차례의 들볶임과 경쟁 끝에 조유산의 '반란파' 조직이 야꺼우 중심초등학교에서 제일 큰 '반란파' 조직이 되였다.

　　들리는 바에 의하면 그때 당시 조유산의 조직은 거의 백명 정도 되었고 조직한 활동들이 실감나고 다채로와서 아주 큰 영향을 끼쳤다고 한다. 예를 들면 인정 사정 없이 전에 그들에게 지식과 학문을 가르쳐 주신 어문 선생님을 비판 투쟁하고 또 이를 부득부득 갈면서 전에 그들을 사람이 되라고 꾸지람하고 지적하여주신 교장선생님도 비판 투쟁하였다. 그리고 또 학교를 떠나 거리에 나가거나 공장이나 기차역 등등의 장소에 쳐들어가기도 하였다. 물론 거리 양 옆에다 생각대로 대자보를 붙이는 것은 빼놓지 않았다. 필수였다. 전에 말했듯이 조유산의 글씨가 이쁘다고 했으니까 이번 기회야 말로 조유산이 추호도 아낌없이 쥐꼬리만한 '재능'을 발휘할 때였다.

　　이 '반란파'에 관한 옛 일에 대해 이야기할 때에 조옥은 그의 형 조유산을 회상하면서 아직도 격동스러워 하였다.

　기자: 전번에 만났을떠 조유산이 학교 다닐때에 '반란파'를 조직하였다고 얘기하신 것을 제가 기억하고 있는데 그때 당시 조유산은 중학교를 다녔나요?

　조옥: 아니예요, 그때 그(조유산)는 초등학교를 다녔어요. 저는 초등학교 5학년이고 그(조유산)는 6학년이였어요. 당시 학교에서는 여러개 조직이 성립되였어요. 하지만 후에는 그의 '반란파' 조직이 제일 커서 많은 사람들이 연이어 그의 조직에 가입하였어요.

　기자: 그럼 그들의 '반란파' 조직은 어떤 일들을 하였나요?

　조옥: 그들이 '반란파'니까 '반란'을 하는 거지요. 바로 비판 투쟁회를 열거나 '대자보'를 붙이고 재산을 몰수하거나 재산을 차압하는 등등의 일을 하였지요. 그리고 항상 학교의 교장님과 선생님들을 비판 투쟁하였고 때론 사람들을 데리고 기차역으로 가서 모주석의 최고 지시를 선전 하기도 하였지요.

　기자: 조유산은 초중 8년을 끝까지 다녔나요? 어느 중학교였나요?

　조옥: 야꺼우 중학교였어요. 당시에 띄염띄염 마지막까지 다녔다고 해야겠지요. 그때는 '문화대혁명' 기간이라 모두들 별로 공부를 안했고 후에는 학교에서 공사 교육위원회에 청시하여 허락을 받은후 그들 학년과 우리들 학년이 다 앞당겨 졸업을 하였어요. 그때는 1970년이였어요.

　이 문장에서 조옥이 묘사한 조유산은 그때 당시를 놓고 말할때 충실한 '반란파'라고 할 수 있었고 또한 비교적 강한 조직 능력과 영도 재능을 갖추고 있었다. 사실 조유산의 어릴적 일들을 회상해보면 친구들과 게임을 하든 동생들을 데리고 나물을 캐든 다 그의 인내심 있는 품성과 조직 능력이 나타나지 않았었다. 그런데 유독 '반란'하는 일에서만은 비판 투쟁대회를 열든 '대자보'를 붙히든 또 선생님 집으로 가서 재산을 몰수하거나 재산을 차압하는 등등의 일을 하든 남다른 강인성과 조직능력을 나타냈다. 그러므로 우리는 조유산이 그의 어린 시절과 소년 시절에 아즈 복잡한 사상 성격과 방향이 없는 의지력을 가진 사람이였다는 것을 추론해낼 수 있다. 만약에 그중의 원인을 파고 들려하면 아주 힘들 것이다. 하지만 한가지 단언할 수 있는 것은 바로 그의 어릴적 가정 환경과 이로써 양성된 자아 중심적이고 극단적이고 고집스러운 성격 결함이 그가 오늘날과 같이 되게 한 것이다.

아직 초등학교를 다니는 소년이 아무 거리낌도 없이 제멋대로 자기 아버지께 대들고 아버지로 부터 자기가 이름을 고치는 것을 동의하도록 강요하기 위하여 정부의 힘까지 유용하였다. 그리고 '반란파'를 조직하고 대자보를 붙히는 방식으로 털끝만큼도 인정 사정없이 자신에게 지식과 사람이 되는 도리는 가르쳐 주신 선생님과 교장님을 비판 투쟁하였다. 이런 것들은 어찌되었든 아주 무서운 일이고 우리의 상상을 뛰어넘는 일이다.

조유산은 '반란'의 리듬속에서 그의 초등학교 고학년을 마쳤다. 초등학교 졸업후 야꺼우 중학교로 진학했다. 야꺼우 중학교는 야꺼우 초등학교와 멀지 않았고 모두 야꺼우진에 있었다.

중학교 시절의 삼년 시간은 한 사람의 생명 중에서 황금 시대이며 독서, 교제, 이상, 품성, 사유 등 인생에서 갖춰야 할 제일 관건적인 구조가 형성되는 요소가 모두 이 관건적인 중등교육 시기에서 단련되고 수정되며 뿐만 아니라 인생의 가치관과 세계관에 대한 인식도 이 시기에 초보적으로 확립되는 것이다. 하지만 아쉽게도 조유산은 이런 황금 시기를 '반란'의 리듬속에서 지내왔다. 열심히 책을 한번 읽은 적도 없고, 열심히 한 편의 문장을 써본 적도 없다. 심지어 조유산의 동생 조옥의 안 중에까지 조유산은 중학교 삼년 동안을 산만하게 지내왔다.

제 6 절
묘망한 인생

1970년, 봄이 지나고 여름이 다가왔다.

여름날의 야꺼우진은 온 산과 벌판이 온통 초록색으로 변했다. 가까이 가야 가지각색의 꽃들이 보인다. 이는 겨울의 단조로운 회색과 흰색을 완전히 대체하였다.

야꺼우(亞沟)진 여름의 경치

그해의 6월, 조유산은 그의 인생 중의 제일 마지막 학교교육단계인 초등중학교 교육을 마치고 부득이 사회로 나갔다. 이튼바 '문화대혁명'은 중국 전역에서 기서등등하고 미친듯이 통채로 삼킬듯한 기세로 상연되고 있었다.

그럼 조유산은 어떤 사상 품성 구조와 도덕문화 원소를 지니고 사회로 진출했을까? 이건 의심할바 없이 사람들로 하여금 농후한 흥취가 생기게 하는 문제이다.

모든 사람이 다 알고 있듯이 한 사람이 점차적으로 성장하는 사회화의 과정에서 출중하거나 우량한 품격, 즉 선량함, 이해, 자연에 대한 관심과 생활에 대한 열애 등이 다 가정과 학교라는 이 두가지 중요한 활동장소를 둘러싸고 차츰차츰 성장되고 또 점점 쌓여지는 것이다. 또한 사회학적인 각도에서 보면 가정과 학교는 한 사람이 사회화되는데 제일 중요한 사회 조직이다.

하지만 조유산과 같이 옥천하 기슭에서 자란 빈곤한 자제로 놓고 볼때 가정, 학교 이 두 장소에 다 아주 엄중한 결함이 존재하였다. 심지어 목표가 망연하고 구조가 균형을 잃었기에 그 중에 있는 사람들로 하여금 양호한 영향과 훈도를 받지 못할 뿐더러 오히려 천성과 순수한 양심을 잃지 않을 수 없게 하였다.

가정과 학교에서 습득한 풍성은 합작정신, 품성, 이해, 사랑 선량함 등등의 비 지력 요소만 포함한 것이 아니라 이성, 추리, 논리, 판단, 표달 등등의 지력 요소도 포함하고 있다.

한마디로 조유산이 가정에서부터 쌓아온 품성은 자아 중심적인 고집과 스스로가 훌륭하다고 생각하는 자만정서, 불결한 위생습관, 확고하지 않는 의지, 한가지 일에 전념하지 않고 중도에서 포기하는 것이였다. 그리고 학교에서 받은 훈련은 또한 조직있는 '반란'이였다. 이 두가지 품성 요소가 일단 겹치면 필연코 악의 꽃과 열매가 맺히게 되는 것이다. 분명한 것은 이건 어떤 문화학자라도 다 상상할수 있는 것이다.

조유산은 이렇게 특수하고 깊이를 헤아릴수 없는 그 시기의 사회 속으로 빠져들어간 것이다. 세심한 준비도 거치지 않았을 뿐만아니라 엄격한 훈련도 결핍되었다. 동시에 부모들로부터도 적당한 당부와 가르침을 받을 수 도 없었다. 설사 일부 사람됨됨이와 일 처사에 대해 당부하였다고 해도 '오직 반란'만 하는 이 인간이 절대 유쾌하게 완전히 받아들이지 않을 것이 불보듯 뻔한 것이다.

1970년부터 1976년까지 거의 6년이나 되는 시간 속에서 조유산은 목수 일과 중원에 가서 일꾼을 모집하는 일을 중도에서 그만둔 것외에 대부분 시간을 하는 일 없이 집에서 한가로이 지냈다. 독서도 하지 않았을 뿐만 아니라 일도 하지 않았다. 온종일 빈둥거리면서 세월을 보냈다. 그의 동생 조옥이 묘사한 것처럼 산만한 생활의 궤적에서 전진하였다.

이 기간 동안에 그와 교제한 친구들도 그의 인생에 대해 모종의 유익한 인도를 하지 못하였다. 왜냐하면 조유산은 초등중학교 교육만 받았고 거기에다 또 독서도 하지 않기에 자연히 문화가 있는 친구들을 만날 수 없고 이로 인해서 친구로 어짊을 더할 수 있는 기회가 없는 것이다.

그러나 처음부터 마지막까지 동생 조옥은 마음속으로 자기 형님 조유산의 본질은 그다지 나쁘지 않고 고집스럽지고 않았다고 믿고 있었다.
한번은 기자와의 대화에서 그는 이렇게 말했다.

기자: 그럼 당신의 마음속에서 당신의 형님 조유산은 어떤 사람인가? 어떻게 그를 평가하시는가요? 그는 고집스러운가요?

조옥: 그는 고집스럽지 않아요. 중요하게는 그래도 환경이 그를 변하게 하였어요. 만약 그가 좋은 사람을 만나게 되면 다시 되돌아올 수 있을지도 모르지요.

한 사람의 성장은 그가 처한 사회 환경이 아주 중요하다. 만약 한 사람이 그의 인생의 가장 관건적인 시각에 좋은 친구와 지기를 만나면 그의 인생도 따라서 달라지게 된다. 조옥의 이야기 속에서 바로 이 소박한 철리가 드러났다.

제2장
취직하고 가정을 이루다

제1절
목수 일을 배우다

　어찌되었든 관계없이 아버지의 사랑은 우뚝 솟은 험준하고 수려한 산처럼 자녀의 곁에서 비바람도 막아주면서 그들의 성장을 동행한다. 그리고 사심없이 사랑을 베풀어주면서 품에 있는 모든 보물과 자원을 하나도 남김없이 바친다. 조유산의 아버지 조광발도 역시 털끝만큼도 다를바 없었다.

　물론 조유산의 아버지 조광발은 '반란'에 열중하는 장남인 조유산의 속마음과 삶에 대한 추구를 이해하지 못했다. 그러나 조광발은 아버지로서 아들인 조유산이 기술을 배워서 살림을 꾸릴 수 있기를 바랬다. 그때 마침 조유산도 목수 일을 배우고 싶다고 하기에 조광발은 조유산더러 성씨가 원씨인 목수를 스승으로 모시고 원씨 밑에서 목수 일를 배우게 하였다.

　이 원씨 목수의 품행과 솜씨가 어떤지 현재 알고 있는 정보만으로는 알길이 없다. 그러나 어쨌든 이것은 조유산의 인생에서 첫 번째 기회였고 그의 인생을 바꿀 수 있는 기회였다.

사람이 어떤 기술을 능숙하게 배우려면 부지런하고 열심히 파고드는 정신과 끝까지 견지하는 인내심이 있어야 한다. 그러나 조유산에게는 이것이 다 부족했다. 거기에다 제자를 가르치는 원씨도 이 일을 자기의 한 개 사업으로 여기지 않고 또 이것이 가져다주는 사회적 의미와 가치에 대한 인식이 높지 않았기에 제자를 받는 것을 그저 힘든 일은 제자에게 시켜서 자신의 일을 덜기 위한 수단으로 여길 수도 있고, 또한 자신에게 술을 사 주고 요리를 해 주는 사람을 필요로 해서일 수도 있는 것이다. 하여튼 이런저런 원인으로 인해서 조유산은 목수 일을 배우기 시작해서 석 달만에 중도에서 그만두었다.

이런 점에 대해 조옥이 기자 인터뷰에서 이렇게 말했다.

기자: 전에 형 조유산씨가 중학교를 졸업하고 나와서 목수일을 배우기 시작했다고 말하셨지요?

조옥: 네. 그때는 일을 구하기 힘들었고 노동자를 모집하는 곳도 없었어요. 철도 직원들의 자녀들이 직업을 물려받는 정책도 아직 없었어요. 형이 중학교를 졸업하고 나서 아버지는 형의 일자리 문제로 걱정을 많이 하셨어요. 마침 그때 형이 목수일을 배우고 싶다고 했어요. 그래서 아버지가 원씨 스승님에게 형을 가르쳐 달라고 부탁을 했지요. 나중에 원씨 스승님한테서 몇 달 동안 배우고 다른 분이 또 형을 데리고 일을 몇 달 동안 더 했어요. 형은 목수일을 확실히 잘 배웠는데 연구도 많이 했어요.

기자: 그때 조유산씨가 목수일 솜씨로 먹고 살았는가요?

조옥: 형은 그 당시에 목수일을 했지만 가끔은 이틀씩 하고는 쉬었어요. 어렸을 때부터 형은 몸이 허약한데다가 또 그때는 나이도 어려서 힘든 일을 오래 못했어요.

조유산은 원씨 스승님에게서 삼개월 동안 목수일을 배웠다. 일반적인 상식으로 판단하면 그의 목수 솜씨는 일반 목수들의 수준을 따르려면 아직 멀었고 거의 초보자 수준에 불과한 것이다. 그러나 동생이 형에 대한 추억은 항상 따뜻한 정이 충만되어 있었다. 그가 형에 대한 평가는 분명히 후광을 가진 것이다. 그러므로 그는 형이 몇 달 중안 목수일을 배웠으니 솜씨가 제법 좋고 상당한 높은 수준에 이르렀을 거라고 생각했었다.

목수일을 배우던 조유산은 중도에서 그만 두고 집에서 빈둥거렸다. 그 사이에 다른 사람을 따라 몇 달 동안 일을 했으나 오래 가지 못했다. 몸이 허약한데다 성격도 문제가 있기 때문에 또 중도에서 그만두었다. 한마디로 하면 조유산이 목수일을 배우는 계획이 뚝 끊어진 것이다.

집안 장남인 조유산의 앞길을 위하고 또 집안 형편도 개선하기 위해 조유산에게 기술을 배우기 하려던 조유산 아버지 조광발의 꿈이 또 물거품으로 돌아갔다. 조유산의 아버지 조광발은 30몇평밖에 안 되는 좁은 작은 방 구석에 앉아서 오랫동안 멍하니 있거나 가장 싼 저질의 독한 술을 마시면서 막막함, 외로움과 괴로움을 혼자 맛보는 수 밖에 없었다. 가끔은 화풀이라도 하려고 아이를 낳아서 병에 걸린 아내한테 계속 성질을 내고 때리거나 욕을 했다. 그리고 수없이 속으로 조유산을 "이 망할 놈아!", "이 염치없는 놈아!" 라고 욕했다.

그런데 더욱 무서운 것은 조유산이 스승을 모시고 기술을 배우게 하기 위해 집안의 얼마 안 되는 돈을 다 써버린 것이다. 그래서 원래 가난한 그들의 집은 가난과 배고픔이 한층 더 했다. 온 식구들이 어쩔 수 없이 배고픔 속에서 힘들고 무섭고 실망스럽고 끝이 안 보이는 인생을 계속 살아가는 수 밖에 없었다. 더 불쌍한 것은 조유산보다 나이가 많은 두 누나가 연애할 나이가 되었지만 화장품과 그럴듯한 옷이 없어 무시를 당했고 심지어 고백을 하러 온 남자가 한 명도 없었다. 이것이 이 두 누나한테는 청춘의 악몽이었다. 비록 지금은 이미 나이가 들었어도 감히 되돌이키기도 싫은 과거이다.

제 2 절
일자리를 얻다

1971년에 조유산이 20살이 되자 사나이로서 집안의 근심을 덜하는 나이가 되었다. 그해에 철도 부서에서 철도 계통의 직원들 가족이나 자녀들을 노동자로 모집했다.

사실 이런 일은 취업과 관련된 평범한 일이었다. 그러나 그때 당시 중국은 아직도 계획 경제의 시대여서 이런 모집 방식을 통해야만 노동자가 되고 국가 체제내에서 주는 일체 대우를 누릴 수 있었다.

예를 들면 주택을 쿤배받거나 계급을 정하거나 보너스를 받는 등등이다. 조유산이 노동자 모집에 참가한 후에 순조롭게 노동자로 뽑혀서 중국 황하 유역에 위치한 허난(河南)성과 싼씨(陝西)성 등 중원 일대에 가서 철도를 부설했다.

이것은 조유산이 처음으로 아청을 떠나 허이룽쨩성을 떠난 것이였다. 이것이 그가 처음으로 중국 동북에서 중원 내지인 황하 유역에 간 것이다. 하지만 조유산은 이런 기회도 잘 잡지 못했다. 그러나 생각치 못한 것은 이번 걸음이 그가 훗날에 '전능하신 하나님교'(全能神教)를 전파할 때 중원에 위치한 허난성과 싼씨성 지역을 선택하는데 복선을 깐 것이 되었다. 이런 부분에 대해서는 본 책의 뒷 부분에서 중점적으로 서술하겠다.

허난성과 싼씨성 지역은 황토 고원에 위치하여 있고 중국 국내의 두 번째 큰 강인 황하가 이곳을 흘러지나간다. 이 지역의 가장 뚜렷한 특징은 바로 강수량이 적은 니류 건조지역으로 구릉과 고원이 분포되어 있고 땅 표면에 식피가 극도로 부족한 곳이다. 게다가 황토층의 토양이 푸석푸석해서 3급 이상의 바람이 불면 하늘에서 작은 흙토와 모래가 날려 순간에 황사가 하늘을 뿌옇게 뒤덮어 온 세상이 어두워진다. 이런 미세한 황토와 모래는 사람과 장난을 하듯이 사람들의 목과 눈에 들어가 고통스럽게 만든다. 물론, 이런 것은 의지가 강한 사람에게는 별것도 아니다. 게다가 일단 이런 힘든 세월만 참아내면 곧 아름다운 앞날이 다가오는데 그것이 바로 국가 정식적인 노동자의 신분을 얻고 또 엄청난 좋은 혜택도 받을 수 있는 그것이다.

그러나 조유산은 결국 이번에도 버텨내지 못하고 중도에서 그만두었다. 자기 중심적인 이기적이고, 고집스럽고, 확고하지 못한 의지의 성격 결함은 아무리 애를 써도 떨쳐 버리지 못하는 독사처럼 또 한번 그를 물고 부단히 그의 두뇌에 신호를 보냈다. 그리하여 조유산은 인생의 중대한 사건에 대한 판단이 완전히 미친 상태에 처하여 아무런 후과도 따지지 않았고 그 누구의 충고도 듣지 않았다.

이렇듯 조유산은 일년도 버티지 못하고 잔뜩 불만을 품은채로 중원에 있는 허난성에서 다시 동북의 허이룽쨩성 하얼삔시 아청구 야꺼우거리로 되돌아왔다. 조유산의 늙은 아버지는 이 소식을 듣자 앓아 누웠다.

조유산은 다시 빈둥거리는 백수가 되어 매일 사회에서 이름도 없는 애들과 같이 2년 넘게 목표없이 이곳저곳 마구 쏘아다녔다. 이 때문에 그의 두 누나도 몇번이나 울었고 또 그 소중한 일자리가 괜히 낭비되었다고 화가 나 씩씩거렸다.

제 3 절
철도 노동자로 이어받다

조유산이 이렇게 분발하지 않은 걸 보고 조유산의 아버지 조광발은 마음 속으로 애태울 뿐 어떻게 할 대책이 없었다.

이러다가 조광발은 며칠 밤 고민을 하면서 아내와 서로 상론하여 드디어 방법을 생각해냈다. 그것은 바로 자신이 앞당겨 퇴직을 하고 그 자리를 조유산이 물려받게 하는 것이었다.

이것이 바로 조유산의 아버지 조광발이 아버지로서 아들을 위해 해준 마지막 일이자 모든 것을 바쳐 자기를 희생한 선택이었다. 한 아버지가 아들의 앞날을 위해 자신이 평생 일해왔던 직장을 포기한 것은 어쨌든 존경할만한 일이다. 만약 이 책의 주인공인 조유산이 이 책을 본다면 어떤 생각을 할련지? 그가 아버지의 마음을 이해하고 아버지를 그리워할까? 그리고 자신이 예전에 했던 철없는 행동에 대해 후회하고 죄책감을 가질까?

사실상 이 일은 다른 사고방식으로 평가할 수 있다. 조유산은 몇년동안 여기저기 돌아다니고 열심히 일을 하지 않았다.

예컨대 철도 직업도 아버지로 부터 직업을 물려받아서야 일을 하기 시작했지만 최선을 다하지 않았다. 그러면 이것은 음모로 아버지의 직업을 빼앗아 간 것과 무슨 차이가 있는가? 조유산이 아버지한테서 직업을 물려받은 것에 대해 조옥이가 기자의 인터뷰를 받았을 때 이렇게 말했다.

기자: 그때 조유산씨가 어떻게 아버지의 직업을 물려받았는가요?

조옥: 어렸을 때부터 형은 몸이 허약한데다가 힘든 일을 오래 못했거든요. 후에 우리 아버지께서 앞당겨 퇴직을 하시고 형에게 직업을 물려주셨어요. 그때는 아마 1975년이였을 거예요. 그 당시 등소평동지께서 다시 나오셔서 중앙의 업무를 맡으시고 경제를 회복시키기 시작했어요. 형은 철도 직원들의 자녀로서 부모한테 직업을 물려받은 최초의 한 세대

였어요. 그 당시 지방에는 이런 것이 없었어요.

기자: 그러면 조유산씨가 아버지의 직업을 물려받고 구체적으로 무슨 일을 했는가요?

조옥: 길을 다지는 일도 했고, 곡괭이질도 했어요. 후에 철도 건널목에서 몇개월 일도 했어요.

기자: 그러면 조유산이 철도에서 일을 할때 목수일도 했는가요?

조옥: 네, 했어요. 형은 목수일도 하고 있으니까 가끔은 상사에게 책상, 의자 혹은 가구 같은 것을 만들어 주었어요. 제가 기억컨대 그때 가정용 장농이 유행되기 시작했는데 보통 목수들은 이런 것을 만들지 못했어요. 그런데 우리 형은 만들줄 알았어요. 그래서 많은 사람들이 그를 찾아왔었어요.

기자: 그럼 조유산씨가 장농을 만들어서 팔기도 했는가요?

조옥: 네, 팔기도 했어요. 하지만 주로 친척들이 찾아와서 부탁을 했어요. 그때 사람들은 상품 의식이 아직 강하지 않았어요.

분명한 것은 조옥은 아직 형 조유산이 행한 이 모든 행동의 동기와 결과를 잘 알지 못했었다. 그는 아직도 착하고 순수한 마음으로 그 당시 형이 아버지의 일자리를 물려받았던 일을 생각하고 있었다. 그러나 나중에 그가 형 조유산이 철도의 일자리를 그만두고 다른 일을 한 것을 알고 무척 분노했다. 그는 "형이 우리 아버지의 직장. 그리고 퇴직금까지 다 탕진해 버렸어요!"라고 탓했다.

조유산이가 아버지의 일자리를 '빼앗은 후'에 이곳 야꺼우 기차역의 정식 직원이 되었지만 자기의 늙은 부모와 누나, 남동생, 여동생들에게는 마음속으로 아무런 죄책감도 없었고, 심지어 고마운 마음조차도 없었다. 이것은 나중에 그가 직장을 바꾸고 아버지의 죽음에 대한 태도를 통해 완전히 이런 결론을 내릴 수 있었다.

처음에 조유산은 철도에서 길을 다지는 일도 했고, 곡괭이질도 했다. 후에 철도의 건널목에서 지휘자로 일했다. 이것은 비교적 훌륭한 직업이었다. 깃발을 하나 들고 입에는 호루라기를 물고 기차나 사람이 지나가면 깃발을 흔들면서 볼에 힘을 준다. 그러면 우렁찬 호루라기 소리가 멀리까지 울린다. 물론 사람들은 이 같이 괜찮은 직업을 그는 절대로 포기하지 않을 것이라고 생각했을 것이다.

그러나 무슨 원인인지 그는 한 동안 일을 하다가 의기양양하게 깃발을 흔들고 호루라기를 부는 일을 또 포기하고 부동산 부문으로 직장을 옮기고 전문적으로 철도에 속한 주택들을 수선하는 일을 맡게 되었다. 이것은 그가 한 동안 목수일을 배운 경험과 관련이 있었다.

앞에서 조유산이 옥수수 가루면을 먹어서 변비에 걸린적 있다고 말하던 예복곤을 포함한 조유산의 일부 동료들이 나중에 회상을 하는데 이때의 조유산의 성격에는 변화가 생겼다고 한다. 그는 누구를 보든 미소를 짓는 것이 마치 원래부터 아는 사람인 듯하였다. 그리고 매일 톱 하나를 가지고 왔다 갔다 했고 먼저 남에게 멋쩍게 말을 건네고 또 인사치레

말도 아주 잘했다. 그외에도 그는 동생 조옥이 말한 것처럼 상사의 집에 가서 상사에게 책상, 의자, 옷장 등을 만들어주기도 했다. 이런 일들은 그가 원하고 오래 기다렸던 것이다. 그리고 조심스럽게 일을 마친 후에 그는 상사 집에서 밥을 먹거나 술을 마시지 않았다. 물론 돈도 감히 받지 않았다. 그는 이런 걸로 자신의 겸손함, 너그러움과 재능을 과시했다.

사실은 조유산의 이런 변화는 그가 겪은 일과 관련이 있는 것이다. 이것은 일부 심리학의 이론과 이념에 부합된다. 이는 아주 쉽게 사람들로 하여금 노신의 작품 속의 아큐와 그의 정신승리법을 떠올리게 한다.

사회와 문화 중에 처하여 있는 사람으로 놓고 볼때 《매슬로의 욕구단계이론》(马思洛需要层次理论)에 따르면 '생리 단계의 욕구가 가장 우선이고 그 다음은 안전, 사랑과 귀속, 존중받는 욕구와 자아 표현의 욕구이다. 하지만 비교적 높은 단계에 있는 욕구는 바로 자기 표현의 욕구와 다른 사람들의 인정과 존중을 받는 욕구이다.' 다시 말하면 한 사람이 마음 속의 가장 큰 만족은 바로 자신이 한 일이 다른 사람으로부터 인정을 받고 찬사를 받는 것이다.

가능하게 조유산이가 아버지의 일을 빼앗아 가지고도 마음속으로 아버지의 괴로움과 쓸쓸함을 조금도 생각지 않고 오히려 자신의 만족감과 즐거움만 생각했을 것이다. 그는 매일 톱 하나를 가지고 돌아다니는데 이것은 업무적인 수요외에 아마 자신의 허영심 때문이었을 것이다. 그는 모든 사람에게 자신의 서투른 목수 솜씨를 자랑하고 사람의 주목을 받고 존경을 받고 싶었다. 물론 그가 생각치 못한 것은 그가 먼저 남에게 멋적게 말을 건네는 표정과 인사치례 말이 사람들의 반감만 사고 존중을 받지 못한 것이다.

그 밖에 조유산의 같은 또래 사람들이 목수 재간은 없지만 조유산은 목수 재간이 있고, 또 그의 이름을 듣고 찾아와서 그를 스승으로 모시고 목수 솜씨를 가르쳐 달라고 하는 사람들이 있는 이런 것들은 그가 충분히 교만하고 남한테 자랑을 할 수 있는 자본이 되었다. 이것은 조유산이 자신을 남보다 뛰어난 자라고 여기며 스스로 도취되어 자만하는 심리 상태에서 생긴 맹목적인 자신감과 이기적인 행복감의 표현이다. 이런 표현이 일단 어떤 좌절을 겪으면 그는 마음 속에 원한을 품고 장기간 동안 풀지 못한다. 예를 들어 그가 웃음 띤 얼굴로 다른 사람에게 멋적게 말을 걸었지만, 만약에 다른 사람이 친절하게 대하지 않거나 냉담한 태도를 보이면 그는 마음 속에 원한을 품었다.

제 4 절
신혼

조유산이는 야꺼우 기차역 부동산 부문에서 근무하면서 다른 사람들의 집에 가서 책상, 의자, 장농 등 간단한 가구들을 만들어 주기도 했다. 가끔은 제자 몇 명을 가르치면서 학비도 받았다. 그래서 그의 가정 형편도 약간 개선되었다. 조유산은 장남으로서 아버지의 일자리를 물려받아 출근한 후에 드디어 집안을 위해 약간 기여를 한 것이다. 아들로서, 동생으로서, 형으로서의 책임을 조금 한 것이였다.

만약에 시간의 궤적이 이대로 흘러갔다면 그의 삶은 원래의 정상적인 궤도에서 벗어나지 않았을 것이다. 부모님을 모시고 남동생과 어린 여동생들을 보살피며 마지막에 결혼을 하고 자녀도 두었을 것이다. 그러면 조유산도 행복한 가정을 꾸리고 그의 부모님도 노후 생활을 행복하게 보낼 수 있었을 것이다. 그러나 삶은 뜻대로 되지 않았다. 마치 운명의 신이 조유산에게 흉하고 불길스러운 농담을 한 것 같았다.

조유산은 목수 솜씨가 능숙하지 않지만 자신이 다른 사람과 다르다는 것을 증명하기 위해 자부심을 가지고 다른 사람의 집에 가서 목수일을 했을 뿐만 아니라, 자신의 재능을 과시하면서 무리하게 제자를 받았다. 그래서 그는 제자를 가르칠 때 일부러 위엄을 나타내고 또 엄격한 자세를 취하였다. 그래서 무릇 조유산한테서 목수 기술을 배운 적이 있는 제자들이 조유산에 대한 인상은 바로 무뚝뚝하고 엄격하며 너무 지나치게 사람을 꾸짖는다는 것이었다. 그래서 대부분 사람들이 조유산한테서 계속 목수 기술을 배우고 싶어하지 않았다. 사실 조유산한테서 실제로 그 무슨 훌륭한 기술을 배울게 없었다.

하지만 유(柳)씨라는 제자는 예외였다. 이 사람은 조유산에게 책망을 받으면 오히려 조유산과 더 친해지고 심상찮은 '정성'과 '존경'과 '인내심'으로 조유산의 비위를 맞추어 주었다. 이 유씨라는 제자는 다른 사람에게 말할 수 없는 속셈을 가진 것이 분명했다. 얼마 지나지 않아 이것이 사실로 입증되었다.

이 제자 때문에 조유산은 평생 돌아갈 수 없는 길에 들어서게 되었다고 할 수 있다.

비록 조유산의 일자리와 솜씨가 어떻든 그 동네 사람들에게 남긴 인상은 조유산이라는 사람은 철도에서 괜찮은 일자리도 있고 목수일도 할 줄 알며 심지어 제자도 가르치는 제법 재간이 있는 사람이었다. 그래서 많은 여자애들은 그에게 호감이 생기고 그를 마음에 두며 그와 연애를 하려 하고, 심지어 그에게 시집을 가고 싶어했다. 그래서 조유산의 집에 찾아온 중매자들이 점점 많아지기 시작했다.

중매자가 조유산의 집에 와서 중매를 하는데 조유산은 그중에서 하얼삔시 아청구 고무공장의 한 부씨 여자와 눈이 맞았다. 그 당시 자신이 행운이 좋다고 여기던 이 예쁜 여자가 바로 훗날에 조유산과 이혼을 한 유일한 합법적인 아내인 쿠운지(付云芝) 여사이다. 부운지 여사는 키가 중등키 정도이고 체형이 약간 마르며 긴 머리를 가졌다. 그녀는 얼굴이 곱고 낯선 사람을 보면 수줍음을 많이 타서 저도 모르게 행동이 어색했다. 분명히 그녀는 세상 물정을 잘 모르는 순수한 여자였다. 그리고 높은 수준의 교육을 받지 못했다. 하지만 그녀는 선량하고 고생을 잘 견딜 수 있는 사람이었다.

마른 나무와 같은 두 젊은 사람의 마음이 마주치니까 재빨리 사랑의 불길이 타올랐다. 부운지 여사는 조유산의 가상에 눈이 가리워 순식간에 사랑의 바다에 빠져 아름다운 미래를 동경하기만 했다. 부운지 여사는 분망한 사업 여가에, 많지 않은 휴식일에 몰래 자기의 월급으로 과자를 사 가지고 눈앞의 원래 자신의 평생을 맡길 수 있다고 여겼던 사랑하는 조유산에게 가져다 주어 여전에 그가 참았던 배고픔과 불행을 메워 주려고 했다. 그래서 아청시, 야꺼우진, 기차역, 옥천강가, 벚나무숲에 그들의 나란히 서거나 겹치는 모습, 알콤달콤한 그들의 사랑 이야기, 경쾌하고 맑은 웃음소리, 그리고 눈으로 주고 받는 수많은 욕망의 표시를 남겼다. 이렇게 일년의 연애 끝에 그들은 나란히 손잡고 혼인의 전당에 들어가게 되었다. 그때는 1979년이었다.

부운지에게는 작은 이모가 하나 있는데 기자가 그녀에게 인터뷰를 했다. 그녀는 당시에 조유산에 대한 인상이 꽤 좋았다고 대답했다.

기자: (조유산과 부운지) 선을 볼 때 조유산씨를 처음 만났는데 첫 인상이 어땠어요?

부운지의 이모: 제일 처음 조유산이를 만났을 때 다들 인상이 좋았어요. 말도 잘 하고 예의도 발랐어요. 생긴 것도 괜찮고 사각형의 얼굴에 눈썹도 짙었어요. 하지만 키가 약간 작았는데 1.6미터 밖에 안 되었어요.

바로 부운지의 이모가 말했듯이 조유산의 키는 크지 않았다. 1.6미터도 안 되었다. 그 이유는 어렸을 때 가정 형편이 어려워서 키가 컸어야 했을 때 배불리 먹지 못했고 또 먹는 것도 영양이 없는 옥수수면이였기 때문이다. 또 하나의 이유는 바로 가족의 유전이다. 그의 동생인 조옥도 키가 크지 않다. 눈썹이 짙은 것은 조유산의 동생인 조옥의 얼굴만 봐서도 알 수 있었다. 그러나 중년이 된 조유산은 얼굴이 사각형이 아니라 턱이 뾰족하고 볼이 들어간 이미지이다. 눈도 크지 않은데 이것은 동생 조옥과 다르다. 등은 약간 곱사등이고 걸음걸이는 외팔자이며 어깨는 으쓱으쓱거린다. 마치 수시로 위로 뛰어오르려는 듯하였다.

조유산이 출근한지 얼마 되지 않아 연애를 하고 결혼을 했기 때문에 원래부터 어려운 집 형편에서 혼수를 마련할 충분한 돈이 없었다. 그래서 어쩔 수 없이 돈을 빌렸다. 일부분으로는 혼수를 마련하여 부운지의 부모에게 보내고 나머지는 결혼식을 치르는 비용으로 하였다.

제 5 절
재산을 나누고 분가하다

조유산은 결혼한 후에 처음에 부모님, 남동생 조옥, 그리고 여동생들과 같이 살았다. 그와 부운지는 매일 출근을 하고 달마다 월급을 타면 모두 부모님께 드려서 부모님께서 통일적으로 계획하고 일상 생활에 썼다. 남은 것이 있으면 저축해 두었다. 온 가족이 행복하고 조화로워 보였다.

그런데 부모님들이 돈 관리를 잘 하지 못했다. 시간이 지나자 조유산은 그와 아내 둘이서 벌어 온 돈으로 식구 열 명을 먹이고 살려야 되니 너무 불공평하고 합당하지 않다고 생각했다. 게다가 그들이 살고 있는 집은 무척 좁은 것도 사실이였다. 그래서 그는 재산을 나누고 분가하여 밖에 나가서 살려고 방법을 생각하기 시작했다. 이른바 재산을 나눈다는 것은 결혼할 때의 가구와 귀중품을 가져가는 동시에 차무는 하나도 책임지지 않는다는 것이였다.

사실 조유산에게는 신혼 아내와 단 둘이서 자유롭고 깨알이 쏟아지는 듯한 생활을 하려는 유혹이 가득했다. 물론 이것은 부운지도 자나깨나 바라는 일이었다. 그러나 한가지 우리가 잊지 말아야 할 것은 조유산은 아버지의 직업을 물려받아 취직했다는 사실이다. 만약에 조유산과 부운지가 독립해서 따로 살면 그의 부모님과 남동생, 그리고 일곱 명의 여동생들이 생활 내원과 생활 보장을 잃을 뿐만 아니라 그들을 위해 빚까지 갚아야 한다. 이런 중대한 일을 조유산이 고려하지 않았던게 사실이다. 지금 그가 유일하게 생각하는 것은 바로 부운지와의 자유로운 두 사람 세계 뿐이였다.

조유산은 부모님의 원한과 욕, 그리고 동생들의 울음 속에서 그의 신혼 아내인 부운지와 함께 이 대 가족에서부터 독립하고 다른 데로 분가하였다.
분가하는 이 일에서 조유산은 장남으로서 보여준 성품이 완전히 이기적이고 고집스러우며 자기중심적이였다. 그는 온 가족의 생활 자본을 박탈하는 것을 대가로 분가하는 계획을 완성했다. 아들로서 그는 불효자이고 형님과 오빠로서 그는 사랑이 없었다. 그의 이런 행동은 형제들을 버리고, 원로한 부모들을 버리고, 어린 동생들을 버리는 것과 다름이 없었다. 그는 인의가 없는데다가 사람으로서의 가장 기본적인 기준과 핵심적인 가치를 버렸다. 이런 부분은 그가 가정과 학교에서 습득한 도덕과 품성이 결핍한 한차례의 종합적인 표현과 폭발이라고 할 수 있었다.

동시에 한 가지 더 고려해야 할 것은 조유산의 이런 행동이 아내에 대한 진정한 충성과 사랑이였을가? 하는 것이다. 만약에 남편의 충성이 그의 부모와 형제 자매를 버리는 것을 토대로 하는 것이라면 이른바 이런 충성은 거짓되고 오래 가지 못하는 것이다. 왜냐하면 그것은 이기적인 표현일 뿐만 아니라 분명히 생활의 엄중한 시련에 오래 견디지 못할 것이기 때문이다. 훗날 조유산과 부운지 두 사람의 결혼 생활의 발전 궤도가 이 사실을 완전히 입증했다. 이런 부분에 대해 뒤의 부분에서 상세하게 서술하겠다.

제 6 절
집 짓기

또 한 가지 언급하지 않을 수가 없는 일은 바로 집을 짓는 것이었다. 이 일에서 조유산이 부모님의 집에서 분가하여 독립생활을 하려는 결심이 얼마나 절박한지를 알 수 있었다. 그때 조유산은 새 집을 지으려고 했는데 아청에서 쓸 수 있는 빈터를 얻을 수가 없었다. 그러다 겨우 얻은 것이 바로 움푹 들어간 흙구덩이였다. 매년 우기가 되면 여기에 물이 많이 고이고 또 사람들이 편리를 위해 생활 쓰레기를 그 안에 버리기도 했다. 심지어 병에 걸려 죽은 닭과 오리, 돼지와 독을 먹고 죽은 쥐들도 이곳에 버렸다.

더구나 여기에 집을 지으려면 흙구덩이를 모두 메워야 했다. 마음씨가 고운 적지 않은 사람들이 조유산에게 분가하지 말고 또 이곳에다 집도 짓지 말라고 했다. 왜냐하면 이곳은 풍수가 좋지 않기 때문이라고 했다.

그러나 고집이 센 조유산은 남의 권고를 듣지 않고 흙구덩이를 모두 메우기로 결심했다. 그런데 문제는 흙을 어떻게 날라오는가 하는 것이였다. 조유산은 고민끝에 방법 하나를 생각해 냈다. 그것은 바로 소 한 마리를 사고 소차(소 수레) 한 대를 빌려서 매일 흙을 나르는 것이였다.

그런데 흙구덩이의 면적이 큰데다 흙을 나르는 소 차가 한번에 많이 나르지 못해서 이 큰 흙구덩이를 다 메우려면 3-4개월이란 시간을 들이지 않으면 완성할 수 없었다. 그리고 비록 모두 메우고 집을 짓는다고 해도 후속적인 문제가 발생할 것이였다. 그것이 바로 주택이 내려앉을 위험이 있는 것이다. 게다가 비가 내리는 계절이 되면 집 주변에 더러운 물이 가득 고일 수 있는 것이였다.

날이 하루 하루가 지나가는데 어느새 3개월이 지나고, 또 겨울도 지나자 이 흙구덩이가 결국 다 메워졌다. 이른 봄 3월에 꽃샘 추위가 살을 에는듯 하고 물속에는 아직도 채 녹지 않은 얼음 조각들이 있었고 제비들도 아직 강남에서 돌아오지 않았다. 조유산은 일체를 불구하고 모든 일을 상관하지 않고 흙벽돌을 만들고, 문과 창문도 만들어 결국은 30-40평의 집을 지어냈다. 그리고 자기 스스로 장농, 책상, 의자 등도 만들고 아내 부운지와 함께 새집으로 이사했다.

제3장

열광적으로 신앙생활을 하다

제1절
종교를 신앙하다

앞에서 말했지만 조으산에게서 목수일을 배우던 제자 중에 유씨라는 제자가 있었다. 이 유씨라는 제자가 바로 조유산에게 전도를 한 것이었다. 이것이 조유산의 인생 흐름을 바꾼 계기가 되었다. 그러므로 이 일은 대서특필 할만한 일이다.

전파학을 받아드리는 측면에서 볼 때 조유산이 기독교의 사상과 교리를 이해하고 받아들이기까지 분명히 과정이 있었을 것이다. 또한 어떤 계기가 이 일을 성사시킨 요소가 되었을 것이다. 조유산은 하나님을 믿는 가정에서 태어난 것도 아니다. 반대로 그의 아버지는 마르크스주의자이다. 그리고 그의 주변에 아는 친구 중에도 하나님을 믿는 사람들이 없었기 때문에 충분한 종교 분위기를 형성하지 못했을 것이다. 따라서 교회의 문화 관념, 사상과 성경의 교리에 대한 모든 것이 조유산을 놓고 볼때 가정적인 유전 요소도 없고 심지어 사회의 영향도 없었다. 조유산은 교회에 대해 완전히 낯설고 극도로 모호하고 몽롱하며 무지 몽매한 상태였다. 그래서 그로 하여금 기독교를 받아들이게 하려면 파격적인 교육을 시켜야 했다.

유씨 부자가 조유산에게 전도했던 과정은 별로 순조롭지 않았다. 조유산도 한때는 망설였고 방황했었다. 혹은 조유산이 아직 기독교를 가까이 할 기회와 인연이 아닌가 싶었다. 그러면 어느때가 조유산이 기독교를 가까이할 기회와 인연이 딱 들어 맞는 때인가?

당시 조유산과 신혼의 아내 부운지는 자신들의 이른바 '행복과 자유'를 위해 부모님, 남동생, 여동생과 분가를 하고 나서 살 집이 없어서 새 집을 지으려 했다. 조유산의 불효 행위와 제멋대로 집터를 선택하는 관계로 마을 주민들이 그를 찬성하지 않았고 지지하지 않았다. 집을 짓는 것이 쉬운 일이 아니다. 더구나 한 두 사람의 힘으로는 절대 불가능한 것이다. 몸이 튼튼한 남자들이 흙벽돌을 쌓고, 흙을 나르고, 들보를 올리고, 지붕에 기와를 올리고 또 부지런한 여자가 밥을 해주고 요리를 만들고 술을 사오는 등 후근 보장을 잘해야 하는 것이다. 그러나 위의 원인으로 조유산에게 도움을 주려는 사람이 별로 없었다. 그래서 조유산 부부는 며칠 동안 얼굴에 수심이 가득했다.

바로 이 관건적인 시각에 유씨 부자가 자주 와서 도움을 주었다. 무거운 일이든 더러운 일이든 모두 앞다투어 하였다. 가끔은 또 집을 짓는데 필요한 물건, 예를 들어 목재, 철기 등을 대 주었고 심지어 돈까지 주기도 하였다. 들보를 올리던 날에 무릇 높은데로 올라가야 하는 위험한 일들은 모두 유씨 제자가 혼자서 완성했다. 보통 남의 집에 집 짓는 일을 도와주면 점심을 그집에서 먹고 품삯도 다 받는 겻이 상식이다. 그러나 이 유씨 부자가 하는 행동은 완전히 달랐다. 첫째, 그들은 품삯을 받지 않고 공짜로 도와주었고 아무런 보답도 요구하지 않았다. 둘째, 조유산의 집에서 밥도 먹지 않고 자체로 가져온 도시락을 먹었다. 그들의 이런 거동에 조유산은 놀라움을 금할 수 없었고 또 매우 감동을 받았다. 이렇게 유씨 부자가 심혈을 기울여 노력한 결과 그들은 완전히 조유산의 신임을 얻었다. 따라서 조유산도 이들 유씨 부자의 전도에 믿음이 가기 시작했다.

조유산의 동생은 입담이 좋으신 사람이다. 한권은 그와 얘기를 나누다가 조유산이 기독교를 믿게 된 계기를 묻게 되었다.

기자: 그럼 조유산이 기독교를 믿게 된 계기가 무엇인가요? 집 식구들이 어떻게 발견하게 된 거예요?

조옥: 그때 당시 형(조유산)은 집을 짓고 있었는데, 전에 그가 유씨라는 제자를 받아서 목수일을 가르쳐 준적이 있어요. 이 제자의 아버지는 유제품 공장에서 일했는데 이전에 억울하게 '우파'로 몰렸어요. 후에 오유를 바로잡고 억울한 누명을 벗기고 정책에 따라 다시 원래의 공장에 돌아가 출근을 하게 되었어요. 바로 그때부터 이 유씨 제자의 아버지가 기독교를 믿기 시작했대요. 그러다가 이 제자도 아버지의 영향을 받아 기독교를 믿기 시작했대요. 그래서 형(조유산)도 그들을 통해서 기독교를 접촉하게 되었어요.

기자: 그러면 기독교를 믿는 사람들이 응당 모이는 곳이 있어야 하는

거 아닌가요?

조옥: 그 당시 그들이 우리 집에 왔을 때에 하는 얘기가 주로 교회당에 간다고 했어요. 그 교회당이 구체적으로 어디에 있는지 저도 몰라요. 그저 한번 순간 들은 것 뿐인데, 저도 거기에 흥미가 없고 하여 상세히 물어보지 않았어요.

조유산이는 결국 제자인 유씨와 한때 '우파'로 몰렸던 유씨 아버지의 행동에 대한 감화와 그들의 권유에 종교 신앙의 길에 올랐다.

'우파'라는 호칭은 세계적인 것으로서 중국에서 20세기 50-60년대에 '우파'로 잘못 몰았던 사람들을 가리킨다. 즉 1957년에 '반우파 운동'에서 잘못된 평가를 받은 55명의 지식인과 일부 애국자들을 가리킨다.

1979년 9월, '문화대혁명'이 끝난 3년 후 중국 공산당 중앙 위원회가 우파로 평가를 받았던 사람들을 대상으로 전면적인 조사를 하고 '우파'로 잘못 구분된 동지들에 대한 잘못된 결론을 시정하고 해당된 정책을 철저히 실시하기로 했었다. 조유산은 제자인 유씨의 아버지도 그때 '우파'로 몰렸던 사람 중 한명이었다. 조유산의 제자의 아버지가 기독교를 믿게 된 것도 '우파'의 누명을 벗긴 후의 일이였다. 장소는 주로 아청시내에 위치한 교회당이였다. 그들은 어떤 때는 아청시내 주변에 돌아다니며 적합한 사람들을 물색하기도 했다. 분명한 것은 조유산이 바로 그들이 물색하던 목표 중 한명이였다.

조유산이 유씨를 따라 기독교를 믿기 시작해서 예배에 참가한 장소는 바로 아청시내에 위치한 교회였다. 교회는 시내 중심에서 좀 먼 거리에 있는 매우 초라한 2층 빌라였다. 빨갛고 뾰족한 지붕 위에 십자가 하나 걸려 있었다. 오랫동안 닦지 않아서 십자가는 광택이 없고 땟자국이 가득하였다.

조유산이 기독교를 믿게 된 계기와 이전에 사람들에게 잘 알려지지 않은 일에 대해 논한다면 조유산의 전처인 부운지 여사가 제일 잘 알고 있었다고 할 수 있다.

기자: 그(조유산)가 언제부터 기독교를 믿기 시작했어요? 들은바에 의하면 두 분이 결혼하고 난 후에 그가 기독교를 믿기 시작하였다고 하던데 사실인가요?

부운지: 네, 사실이예요. 우리가 결혼한 후부터 기독교를 믿기 시작한 거예요. 처음에 조유산은 뭐가 그리스도인지, 뭐가 예수님인지 아무것도 몰랐어요.
기자: 두 분은 그 당시 다 직장을 다니고 있었지요? 그러면 그가 하루에 얼마만큼한 시간을 신앙생활에 소모했는가요?

부운지: 주로 퇴근 후와 여가 시간에 교회에 다녔어요. 조유산은 늘 교회의 장로들과 함께 이야기를 나누고 토론을 했어요. 그 중에는 제자 유씨의 아버지도 있었어요. 그이는 (조유산) 고집이 워낙 세고 또 뭐든지 분명히 알려고 집착하는 성격이라 그 동안 그는 예수님이 누구신지 똑똑히 알고 싶어했어요.

조유산은 중학교만 겨우 다녔고 거기다가 독서도 별로 하지 않았고 서양 역사에 대해 체계적으로 공부한 적도 없었기에 서양의 문화사와 문명사에 대해 아무것도 몰랐다. 더우기 예수님의 생애와 성경이라는 이 책의 내용에 대해서도 근본 몰랐으며, 서양 중세기의 암흑사와 계몽운동, 그리고 이와 밀접한 관계를 가진 마틴루터의 종교개혁운동(1517—1546)에 대해서는 더욱 몰랐다.

이와 같이 조유산은 학문이 얕고 견문이 좁아서 정확한 역사적인 사유로 기독교의 탄생, 발전과 기독교가 동서양 문화교류에 끼친 영향과 가치에 대해 인식할 수 없었고, 더구나 성경 속의 그리스도의 복음에 대해서는 완전히 무지했다.

제 2 절
아내를 권고하여 종교를 신앙하게 하다

조유산은 유씨 부자의 영향을 받아 기독교를 믿기 시작했다. 그러면 조유산과 갓 결혼한 부운지 여사도 그들 따라 기독교를 믿었는가?

창 밖에 바람이 살살 불고 있다. 강남 갔던 제비들이 다시 북방으로 돌아와 새로 지은 집의 처마를 맴돌고 있었다. 마치 여기에 새집을 짓기에 적당한지를 알아보고 있는 것만 같았다.

개는 문 앞에 있는 마당에 누운채 입을 벌리고 혀를 내밀고 주변을 둘러보고 있었다.

　사랑하는 조유산고- 갓 결혼한 부운지 여사는 노곤하게 온돌의 아랫목에 앉아 있었다. 아마 신혼 생활의 행복함과 달콤함에 심추된 모양이였다. 조유산은 자신이 기독교를 믿게 된 후에 아내도 믿게 하려고 했다. 그래서 그는 의도적으로 부운지 여사에게 교회를 접촉하라고 하고 성경의 내용을 알아보라 하고 예수님의 생애에 대해 이야기도 해주었다. 비록 조유산이가 아는 것이 별로 없고 대부분 해석이 틀린 것이지만 그래도 대담히 얘기했다. 어느사 착하고 성실한 부운지 여사가 조유산이 계획한 함정에 빠져 들어갔다.

　조유산의 영향을 받아 부운지는 기독교를 접촉하고 이해하며 믿기 시작했다. 사실 부운지는 머리가 비교적 명석한 여성이고 비교적 이성적이였다. 처음에 그녀는 기독교를 잘 이해하지 못했고 믿지 않았으며 기독교의 교리에 대해 의심한적도 있었다. 그러나 이 근근이 남아있던 부운지의 총명과 이성은 결국 조유산의 반복적인 설득과 강온 양책을 이겨내지 못하고 종교로 기울어지기 시작했다. 하필 이상하게도 이때 부운지 여사가 이상한 병에 걸렸는데 약을 먹고 주사를 맞아도 나아지지 않았다. 그러자 조유산은 이 기회를 잡아 기독교를 믿으면 병이 나아진다고 얘기했다. 부운지는 한번 시혐해 보자는 마음으로 성경을 의식적으로 읽게 되었다. 그런데 아는 글자가 많지 않아서 그는 전도자들의 설교를 들으러 교회로 갔다. 그러다가 그녀도 기독교를 믿기 시작했다. 자신이 기독교를 믿게 된 과정에 대해 부운지 여사는 이렇게 대답을 했다.

　기자: 두 분 중에서 누가 먼저 기독교를 믿었어요?

부운지 : 조유산이 먼저 기독교를 믿었어요. 저는 조유산의 영향을 받아서 믿은 거예요.

기자 : 왜서 조유산의 영향을 받았어요?

부운지 : 그 당시 제가 몸이 아팠는데 조유산이가 저보고 기독교를 믿으면 구원을 받고 병도 나아진다고 설득을 했어요. 그래서 제가 기독교를 믿게 되었어요. 그런데 기독교를 믿은 후에 기적적으로 정말 병이 나았거든요. 정말 효과가 좋았어요. 그래서 저의 믿음이 더욱 확고해졌어요.

우리가 모두 알다싶이 주님을 믿는 것 자체가 나쁜 것이 아니다. 그러나 주님을 믿는 사람이 성경의 말씀에 순종하지 않고 속죄도 안하고 이렇게 효도도 안하면 주님을 기쁘게 할 수 없는 것이다. 조유산의 이런 것은 예수 그리스도를 믿는 복음적인 신앙생활이 아니라 종교를 믿는 종교생활이다.

제 3 절
빈번하게 일자리를 바꾸다

조유산이 밤잠도 제대로 자지 않고 모든 정력을 종교활동에 기울이고 직장을 부차적인 위치에 놓다보니 다음날 직장에 나가서 정신도 없었고 실수도 많이 했다. 심지어 업무에는 신경을 쓰지 않고 종교활동에만 전념했다. 이것은 아청 야꺼우 기차역의 지도자들의 불만을 자아냈다. 그래서 그들은 사람을 보내서 조유산을 교육했고 경고도 몇번 했다. 그러나 조유산은 기독교에 집착하여 상사의 교육과 경고를 마음에 두지 않았다.

결국 조유산은 정직 처분을 받았다. 경제적 재원이 없게 되자 그는 부득불 계속 다른 일자리를 찾는 수밖에 없었다. 그래서 그는 신화인쇄 제2공장 기본건설과에 가서 근무하려고 고려해 보았다. 왜냐하면 그곳에 근무하면 첫째로 수입원이 있게 되고, 둘째로 업무도 철도에서 하는 것처럼 바쁘지 않다고 생각했다. 그리하여 그는 신호인쇄 제2공장으로 직장을 옮기겠다고 제의했다. 철도의 지도자들도 그의 견해에 동의하고 그에게 다른 사람과 직장을 바꾸도록 수속을 밟아 주었다. 그래서 조유산은 철도 노동자로부터 인쇄공장의 노동자로 바뀌었다. 당시 조유산은 신화인쇄 제2공장에서 일한 상황에 대해 비교적 잘 알고있던 직장 주임 경장림(景长林)씨는 이 일에 대해 아직도 기억이 새로웠다.

기자: 경 선생님은 언제부터 신화인쇄제2공장에서 일하시기 시작하셨어요?

경장림: 저는 1971년에 신화인쇄 제2공장에 들어갔는데 2009년에 퇴직을 했어요. 그 당시에는 직장 주임직을 맡았었어요.

기자: 경 선생님께서는 후에 그 직장으로 전근 온 조유산에 대해 인상이 있으신가요? 조유산은 평상시 노동 표현이 어떠했어요?

경장림: 그 당시 공장이 바뀔때(아마공장으로부터 신화인쇄 제2공장으로 바뀌였음) 조유산이 원 우리 공장의 이전영(李传荣)과 직장을 바꾸고 우리 공장에 왔어요. 그때 그가 우리 공장에서 목수일을 했어요. 그는 평시에 동료들과 별로 어울리지 않았어요. 성격도 아주 괴팍했어요. 그런데 목수일은 제법 잘했어요. 이것은 다들 인정해요. 하지만 그가 기독교를 믿은 후부터 우리와의 접촉이 적어졌어요.

기자: 목수일외에 조유산은 또 다른 무슨 능력이 없었나요?

경장림: 조유산은 우리 공장에서 그냥 평범한 목수였어요. 다른 목수와 똑같이 아침 일곱시 반에 출근하고 오후 네시 반에 퇴근을 했어요. 다른 목수들이 작업대를 하나 만드는 데 3-4일이 걸렸는데, 조유산도 똑같은 시간이 걸렸어요. 그리고 조유산은 근무 시간에 성경을 보기 좋아했는데 그것은 기독교를 믿어서 그런가 봐요.

기자: 경 선생님은 조유산을 어떤 사람으로 평가하시는가요?

경장림:제 생각에는 조유산이가 일을 하는데는 괜찮다고 생각해요. 그저 다른 동료들과 교류하기를 싫어했을 뿐 아주 평범하고 정상적인 목수였어요. 이야기를 자주 하지 않았어요. 그냥 일개 평범한 목수였어요.

그 당시 조유산이 성경을 연구하고 교회 일에 전념하려면 반드시 충족한 시간이 있어야 하고 일정한 경제보장이 확보되어야 했다. 그러나 부운지의 혼자 일한 수입으로는 너무나 힘에 부쳤다. 게다가 그녀도 기독교를 믿고 있었다.

조유산이 신화인쇄 제2공장에 취직한 후에 그의 처세 방법에 커다란 변화가 생겼다. 철도 직장에서 일하던 때와 전혀 달랐다. 이 시기에 조유산이 사람들에게 준 인상은 말하기 싫어하고 사람과 어울리는 것을 싫어하는 성격이 괴팍한 사람이였다. 심지어 심각한 자폐증에 걸렸다고 해도 과언이 아니였다. 이것은 정신질환 중 하나이다. 경장림의 말에 의하면 조유산은 틈만 있으면 자주 성경을 읽었다고 한다.

신화인쇄 제2공장의 지도자들외에 또 조유산의 동료인 제운하(齐云霞)가 조유산을 비교적 잘 알고 있었다. 그녀도 조유산이 성격이 괴팍하다는 얘기를 언급했다.

기자: 제운하씨는 그때 신화인쇄 제2공장에서 무슨 직무를 맡으셨나요?

제운하: 저는 당시에 후방 근무부에 있었는데 기본건설과와 같은 부서였어요. 조유산은 결산할 일 같은 것이 있으면 저를 찾아왔었지요. 2공장은 크지 않은데 원래 아마공장이라고 불렀어요. 그런데 1984년에 신화인쇄 제2공장으로 재건되었어요.

기자: 조유산도 제운하씨를 찾아와서 치료비를 결산한적이 있나요?

제운하: 네. 조유산도 평범한 백성이니까 주사도 맞고 약도 먹는 것이 당연한 일이지요.

기자: 그때 조유산의 표현이 어떠했어요?

제운하: 여기서 목수일을 하는 동안 열심히 했어요.

기자: 그때 공장에 조유산과 비교적 친한 사람이 있었나요?

제운하: 그건 잘 모르겠어요. 필경은 함께 일하지 않았으니깐요. 그런데 조유산은 성격이 괴팍하고 다른 사람들과 잘 어울리지 않은 것 같았어요.

기자: 기본건설과는 구체적으로 무슨 일을 하는 곳인가요?

제운하: 공장의 건설을 맡고 주로 목수일을 하는 부서예요.

기자: 조유산이 근무 시간에 전도를 한 적이 있었나요?

제운하: 그냥 다른 동료에게 주를 믿는 얘기만 했고 사무실에 있을 때도 그리스도를 믿는 것에 대한 이야기를 하기 좋아했어요. 예를 들면 사람의 영혼 같은 걸 말입니다요. 그러나 저는 이런 걸 믿지 않았기에 거기에 대해 아는 것도 별로 없어요.

경장림과 제운하가 조유산이 성격이 괴팍하고 사람들과 잘 어울리지 않았다는 얘기외에 반복적으로 언급한 것은 바로 조유산은 남다른 능력을 가진 사람이 아니라는 점이다. 목수일도 다른 사람과 다른점이 없었고 아프면 약도 먹고 진찰도 받고 주사도 맞았다는 것이다. 한마디로 조유산은 남달리 특별한데가 없는 보통 사람에 지나지 않았다.

이 책의 앞에서 말했듯이 조유산은 무엇을 하던지 끝까지 하지 않고 중도에서 이상야릇하게 그만두는 경향이 있었다. 조유산은 신화인쇄 제2공장에서 한 동안 직장생활을 하다가 또 다른 사람과 직장을 서로 교환하는 방법으로 유란향(刘兰香)이라고 부르는 여자와 직장을 서로 교환했다.

기자: 당시 근무하셨던 직장 이름이 무엇이예요?

유란향: 그 직장이 그 당시는 아청시 화학비료공장이었는데 나중에 아청시 전분공장으로 거명했어요.

기자: 그때 왜 조유산하고 일자리를 교환했어요?

유란향: 저는 주로 집안 아이를 돌보아 주려고 했어요. 원래 직장은 늘 야근을 하기에 집안을 들볼 시간이 없었어요. 조유산도 직장을 교환하는데 동의했어요. 그러나 그가 그때에 왜 직장을 교환하자고 했는지 이렇게 오랜 시간이 흘렀는데도 그 영문을 잘 모르겠어요.

기자: 그때 조유산이 어떻게 말했어요?

유란향: 그는 일자리를 교환하는데 동의한다고 했어요. 그 다음에 그는 그의 직장에서 소개장을 떼어 오고 저도 저의 직장에서 소개장을 떼어 왔지요. 그때 그가 저에게 주님을 믿느냐고 물으면서 저한테 주님을 믿으라고 권했어요.

조유산이가 반복적으로 직장을 바꾸는데, 조옥의 말에 의하면 조유산이 반복적으로 바꾼 새 직장은 다 그 전의 직장보다 못하다는 것이다.
다시 말하면 조유산은 자신의 이익을 계속 희생하는 상황에서 일자리를 교환한 것이었다.

기자: 조옥씨의 형 조유산은 철도에서 얼마 동안 일했어요?

조옥: 몇년 안 했어요.

기자: 후에 왜 그만두었어요?

조옥: 철도는 규률이 엄격하고 그리고 정규적인 부문이라 영도들이 기독교를 믿고 전도하고 하는 것을 못하게 했어요.

기자: 그때 조유산이 늘 나가서 전도만 하고 일을 열심히 하지 않았나요?

조옥: 나중에 일자리를 교환했을 때 형이 그런 말을 한적이 있는데, 분명히 상사가 전도를 하지 말라고 했대요. 비록 형이 정상적으로 출퇴근을 했지만 마음은 언녕 거기에 있지 않았어요.

기자: 그 후에 다른 사람과 직장을 교환했다고 들었는데 어디로 갔나요?

조옥: 형은 다른 사람과 직장을 교환하는 방식으로 직장을 몇 번 바꿨어요. 저도 잘 기억이 안 나요. 마지막에 형은 다른 사람과 일자리를 교환해서 전기미터적산전력계 상점에 갔어요. 회사에서 자주 채무를 받아

오라고 파견 근무를 나가기에 시간적인 여유도 있고 제약도 안 받았어요. 그런데 얼마 안 되자 형이 또 그 직장을 그만두었어요.

기자: 조옥씨는 형이 종교를 신앙한 것 때문에 집안에 끼친 영향이 나쁘다고 생각하시는가요?

조옥: 이 일로 저희 집에 큰 영향을 미쳤어요. 앞으로 집안 아이들이 직장을 구할 때, 승진을 할 때에 모두 영향을 받아요. 그리고 이것 때문에 우리 아버지한테서 물려받은 철도 일자리도 완전히 잃고 말았어요.

여기에서 한가지 짚고 넘어갈 것은 조옥이 말한 "조유산이가 종교를 신앙한 것 때문에 앞으로 자기 집 아이들이 직장을 구할 때, 승진을 할 때에 모두 영향을 받는다"는 얘기는 정상적인 기독교 신앙을 말하는 것이 아니라 바로 조유산이 정상적인 기독교 신앙에서 벗어나 '전능하신 하나님교'를 따로 만든 일을 가리킨다.

제 4 절
자폐증

조유산이 일자리를 계속적으로 바꾼 것은 겉으로 보면 기독교를 믿는 때문인 것 같았다. 아마 그는 일자리를 여러 번 바꾸는 것으로 사람들의 눈을 가리고 더 많은 자유와 시간으로 성경을 연구하려고 했을 것이다.

물론 그가 성경을 연구하는 방식은 혼자서 책을 읽고 교회에 가서 다른 사람의 설교를 듣는 것 뿐이였다. 더구나 조유산은 체계적인 신학교육도 받지 못했기에 학술 이론 연구 토론의 원칙으로 따져보면 그는 성경의 교리를 근본 모르고 단장취의(문장의 일부를 끊어서 작가의 본의에 구애하지 않고 제멋대로 해석하는 것)의 방법대로 이해했다.

그러나 더욱 무서운 것은 그가 성경 교리와 완전히 대립되는 잘못된 신앙을 가져서 정상적인 궤도에서 벗어난 길에 들어선 것이였다.

그리하여 그는 가족을 멀리하기 시작했고, 마을 사람들과의 사이도 멀어지고 동료들과도 멀어지게 되었다. 그리고 성격도 달라졌다. 무뚝뚝해지고 우울해졌으며 근심이 많아지고 울적해졌다. 하루종일 고개를 숙이고 인상을 찌푸렸다. 마치 인생의 어떤 중요한 일을 고민하는 것만 같았다. 휴식을 잘 취하지 못해서 정신도 없는데다가 영양도 부족해서 상태가 더 좋지 않았다. 그의 아내인 부운지 역시 조유산을 따라 종교 활동에만 몰두하다보니 집안 일을 챙길 겨를이 없었기에 하루 세 끼도 열심히 준비하지 않고 대충 때웠다. 그때 안색이 창백하고 매일 머리를 숙이고 눈썹을 찌푸리는 조유산의 모습은 마치 처마밑에 달아맨 시든 파와 같았다.

사실 이상의 현상을 종합해 보면 조유산은 정신적 병의 일종인 자폐식 망상증을 앓고 있다고 추론해 볼 수 있는 것이다.

여기까지 읽으면 독자들이 아마 교회에 다니면 나쁘다고 오해할 수도 있을 것이다. 사실 건전한 기독교 교회에 다니면 사람에게 좋은 것이다. 건전한 기독교 교회에서는 영적으로는 복음을 믿고 영혼이 구원받는 방법을 가르치고, 육적으로는 사람들에게 착한 일을 하고 부모님에게 효도를 하며 나라와 가정과 남들을 사랑하고 나라의 법도 잘 지키어 자신도 복을 받고 또한 이방인들로 하여금 하나님 아버지께 영광을 돌리게 하는 방법을 가르친다.

그러나 그리스도의 교리에 어긋나는 이단적 종교를 잘못 신앙하게 되면 집도 잃고 가족도 잃게 되는 것이다. 조유산 본신이 바로 살아있는 예이다.

제 5 절
친인들의 죽음

1985년 겨울, 아침 지역은 유달리 추웠다. 폭설은 거의 겨울 내내 내렸고 작은 산 봉오리들과 큰 나무, 도로, 지붕 위도 다 눈에 뒤덮혀 있었다. 어떤 때는 하룻밤 지나고 나면 집집마다 대문이 눈에 막혀 집에서 밖으로 문을 열 수 없을 정도였다.

날씨가 너무 추워서 사람들은 끊임없이 연탄으로 난로를 가열해서 나온 열기로 방안을 따뜻하게 했다.

조유산과 그의 아내 부운지는 직장 일 외에 종교 활동에 모든 열심을 퍼붓다보니 집을 돌볼 사이가 없어서 아이를 연로한 할아버지와 할머니에게 맡겼다. 조유산의 남동생과 여동생들은 매일 출근을 해서 돈을 벌어 조유산의 빚도 갚고 생활비도 보태였다. 세월은 이렇게 그럭저럭 흘러갔다.

그런데 생각지도 못한 인간의 비극이 발생했다. 조유산의 부모님과 여섯살밖에 안되는 조유산의 딸, 그리고 갓 결혼한 조옥의 아내 등 네명의 식구들이 가스 중독으로 횡사했다.

기자: 제가 듣기로는 가스 중독 사건이 일어났다면서요?

조옥: 그건 1985년 1월 7일 밤에 일어났던 사건이예요. 저희 부모님, 저희 와이프, 그리고 저희 형님의 딸애가 방 안에서 자고 있었어요. 다음날 아침에 위(魏)씨라는 이웃이 발견을 했는데, 그때 우리 어머니와 형님의 딸은 그 자리에서 이미 죽었고, 아버지는 하얼삔 철도중심병원으로 실려가서 구급을 했지만 반년후에 가스 중독으로 인한 심장병이 발작해서 결국 살려내지 못했어요. 그리고 제 와이프는 가스 중독으로 인해 대뇌가 손상되여 치매에 걸렸는데 얼마 안 되어 죽었어요.

조옥이가 이 비극을 얘기할 때 그의 마음 속에는 무한한 슬픔으로 가득찼었다. 그는 아버지, 어머니를 그리워할 뿐만 아니라 갓 결혼한 아내도 무척 그리워 했다. 하지만 그는 애써 자신의 감정을 억눌렀고 눈물을 글썽이며 슬픔을 참고 울음을 터뜨리지 않았다.

조유산의 아내인 부운지 여사는 사람들이 이 슬픈 사연을 얘기했을 때 막연한 눈빛으로 창 밖을 내다보면서 한참 침묵을 하다가 결국은 아무말도 안 했다. 아마 그녀도 그 비참한 사건을 돌이켜보고 싶지 않은 모양이다.

　부운지는 지금 자신이 신체 상태가 좋지 않다고 했다. 뇌경색과 심장병에 걸렸고 위도 안 좋아서 매일 약을 먹어야 한다고 했다. 그녀는 나이가 많은 어머니를 돌봐줘야 했다. 어머니는 올해 80여세를 넘었는데 이상한 질환을 앓고 있고 정신도 정상이 아니였다. 이 노인은 자기의 착한 사위인 조유산의 얘기를 자주 한다고 한다. 조유산은 가출한 후에 부운지로 놓고 볼 때 사라진 것과 다름없었다. 한번도 소식을 보내오지 않았고 돈도 한 푼 보내온적이 없었다. 그녀의 생활에 대해 아무런 관심도 없었다. 마치 낯선 사람과 같았다. 조유산에게 버려진 부운지는 생활상의 어려움으로 인하여 부득이 예전에 조유산과 함께 힘겹게 지었던 집을 팔고 다른 데로 재가를 했다.

제4장
열광적으로 신앙생활을 하다

제 1 절
종교신앙자유

1976년 하반기에 중국공산당 중앙위원회와 중화인민공화국 국무원에서 과감하게 명령을 내려 무려 10년이나 지속되여온 '문화대혁명'운동을 전면적으로 정지시켰다.

'문화대혁명'운동은 드디어 끝났다!

이것은 한차례의 영명한 결책이다! 이는 중국공산당이 대담하게 자기의 잘못을 인정하고 바로잡겠다는 드넓은 흉금과 원대한 포부를 나타내는 것이다.

'문화대혁명'은 한때 중화민족문화의 재앙이라는 평가를 받았다. 이것은 역사적인 사유에 부합된 판단이다. '문화대혁명'의 피해를 당했던 여

풍이 아직까지도 남아 있다.

이로부터 '개혁개방, 사상해방'이 중국의 기본 국책이 되었다. 이것은 마치 산뜻한 봄바람처럼 중국의 대지에 불었고 또한 맑은 시냇물처럼 중국의 모든 구석구석에 스며들어 이 유구하고 신기한 땅에 다시 젊음의 활기가 넘치고 눈부신 빛을 발하게 하였다.

중국 정부는 '시장경제'와 '호별토지도급책임제'(흐별농업작업책임제)를 실시하여 국민들의 생산과 소비 열정을 자극했고 국가의 경제는 활기차게 발전하는 국면이 나타나기 시작했다.

이와 동시에 중국의 법제 건설도 정상적인 궤도에 들어서기 시작했다. 1982년 연말에 중화인민공화국 제5기 전국인민대표대회 제5차 회의에서 《중화인민공화국 헌법》, 즉 《82헌법》을 통과했다. 헌법 제36조 규정에 의하면 "중화인민공화국 공민은 종교 신앙 자유를 가진다. 그 어떠한 국가 기관, 사회단체와 개인은 강제적으로 공민이 종교를 신앙하게 하거나 신앙하지 못하게 해서는 안된다. 종교를 신앙하는 공민과 종교를 신앙하지 아니하는 공민을 차별시 해서는 안된다. 국가는 정상적인 종교 활동을 보호한다. 또한 어떠한 사람도 종교를 이용하여 사회 질서를 파괴하거나 공민의 신체 건강을 해치거나 국가의 교육 제도를 방해하는 활동을 하지 못한다. 종교 단체와 종교 사무는 외국 세력의 지배를 받지 않는다."

이어서 1983년에 중국 정부는 전면적으로 종교 정책을 조정하고 실시하기 시작했다. 이는 전극, 더 나아가서 전 세계, 특히 종교신앙을 하는 인사들을 놓고 볼때 정말 환희로 들끓을 한가지 큰 일이였다. 바로 그 해에 허이룽쨩성 아청현은 종교 신앙 자유의 국가 정책을 진일보로 실시하기 위해 '중국기독교회'를 설립했다.

그 당시에 아청은 아직 하얼삔시의 행정 관할 구역에 합병하지 않은 독립된 현정부 소재지였다. 이곳은 유구한 역사를 가진 곳으로서 금나라 '상경회녕부'의 소재지였다. 게다가 하얼삔이라는 이 현대화 대도시와 인접해서 일찍이 서양 종교와 동정교의 영향도 받았는데, 그때부터 많은 사람들이 종교를 믿기 시작하였기에 여기는 오래된 종교활동지역이라고 할 수 있었다.

1983년에 종교신앙자유 정책을 실시했을 때 그 당시 종교를 주관했던 아청현 정부 종교국의 지도자인 조경방(赵庆芳)의 말로는 그 당시에 주로 불교, 도교, 천주교, 이슬람교, 기독교와 동정교 이 여섯 가지 종교가 있었는데 동정교는 그 당시에 교주가 죽어서 참여하는 사람의 숫자도 점차 감소하여 주로 나머지 5대 종교만 남았다고 한다. 그러나 기독교는 참여하는 사람들의 수자가 비교적 많으므로 거의 모든 향과 진에 다 교회의 모임 장소가 있었다. 그래서 기독교의 상황이 제일 복잡했다.

중국공산당 제12기 중앙위원회 제3차회의 이후 아청현에서 가장 먼저 종교 정책을 실시한 곳이 바로 기독교 교회였다. 원래 해방전부터 교회에서 사역하시던 교회의 장로들은 대부분이 다 돌아 가셔서 지금 설교를 하실 수 있는 장로는 이경신(李景新) 장로님, 유건량(柳建良) 장로님, 학진방(郝震方) 장로님만 남았다. 이분들은 모두 60-70세의 노인으로서 어떤 사람은 머리가 다 희어졌고 이도 다 빠져 몇대 안 남았지만 교회당에서 예배 모임을 할 때는 주요하게 이 세 분이 설교를 맡았다.

제 2 절
세례받는 것에 대한 불일치

조유산이 기독교를 금방 믿기 시작했을 때는 평범한 새 신도로서 교회의 규칙도 잘 모르기에 항상 그의 제자였던 유씨가 그를 데리고 아청현 교회의 일부 행사에 참가했다. 그들은 그 세 분의 장로들을 신처럼 모시고 이들의 설교를 공손하게 경청했다.

한 동안 지나서 조유산은 기독교 신도로서의 세례를 받고 아청현의 교회에 교인으로 정식 가입했다. 그로부터 그는 정식적인 아청현 교회의 기독교 신도가 되었다. 처음에 교회에서 조유산의 신앙은 그저 일반적이였다. 그리고 자기 분수에 맞지 봉사도 잘했다. 그러나 그 후의 나날에 조유산의 맹목적인 자신감과 자기 중심적인 고집스러운 성격 결함과 이른바 자기의 두각을 나타내려는 야심이 점차적으로 드러나기 시작했다.

교회 세 분의 장로님은 모두 60-70세 노인이라 설교를 하실 때 온전히 한 단락을 다 끝내지 못했다. 그리고 기억력이 나빠서 금방 설교한 앞의 내용을 잊어버리는 경우가 많았다. 그 밖에 그들이 설교한 성경의 교리가 교회의 많은 신자들을 설득시키지 못했다. 조유산도 점차적으로 공손하고 순종하는 태도로부터 오만하고 반대하는 태도로 바뀌었다.

나중에 아청현 기독교회의 책임자들이 상황을 알아본 후에 젊은 사람들 중에서 훌륭한 인재를 선발하여 후비 역량으로 육성하려고 했다. 그 당시에 기독교를 믿는 사람들의 구조를 보면 노인과 부녀자가 대부분이였는데 주로 문맹자와 반문맹자들이였다. 비록 젊은 사람도 있었지만 농촌 청년이 대부분이라서 글자를 바로 알지 못했고 어떤 사람들은 성경도 완전히 읽을 수 없었다. 그럼으로서 이해력과 표현력이 아주 심했다. 이런 상황에서 조유산은 신도들 사이에서 마치 봉황의 털과 기린의 뿔마냥 진귀한 인재로 보여 그가 자기를 표현할 수 있는 기회가 찾아온 것이다. 그는 겨우 중등학교 수준이라 아는 글도 별로 많지 않아 아무것도 아니였지만 당시의 상황에서는 희귀한 인물이였다. 그의 이른바 '반란파식'의 조직능력과 견해를 발표할 때 가진 좀 논리적인 능력이 남달랐다. 그래서 그는 아청 교회 우수 목사 후선인 가운데의 한 사람으로 뽑혔다. 이것은 조유산으로 하여금 참으로 한 동안 격동되게 한 일이였다.

조유산에게 또 한가지 재능이 있는데 그것이 바로 책의 앞 부분에서 언급하지 못했던 악보를 읽을 줄 알고 찬송가도 잘 부른다는 것이다. 이것은 그가 전도하고 설교하는데 빛과 색채를 더하여 주었다. 뿐만 아니라 다년간 아청현 교회에도 줄곧 이런 인재가 결핍하였다. 조유산이 아청현 교회의 일부 활동에 참가한 상황에 대해 아청현 기독교회의 최초의 담당자인 한숙걸(韩淑杰) 목사가 상세히 소개를 해주었다.

기자: 한 목사님께서는 당시 조유산이 교회에서 활동했던 일에 대해 비교적 요해하고 계시지요? 그리고 조유산이는 어느 해에 아청 교회에 왔는가요?

한숙걸: 조유산은 1993년에 아청 교회에 왔어요. 그 당시 우리 아청 교회에는 약 30-50명 정도의 교인이 있었어요. 그 당시의 설교하는 방식은 성경을 읽는 사람이 권위적인 사람이였어요. 왜냐하면 그 당시는 성경을 아는 사람이 별로 없었기 때문에 성경의 내용을 아주 명백하고 심도가 있게 해석하는 사람이 없었어요.

기자: 그 당시 조유산이 성경을 가지고 있었는가요?

한숙걸: 그가 처음에는 없었는데 나중에 어디선가 한 권을 구했어요. 조유산은 찬송가를 부를 줄 알아서 처음에 그는 주로 찬송가를 가르쳐주었어요.

조유산은 자신이 성경을 가지고 교인들에게 성경의 교리를 자주 설명할 수 있는데다가 또 사람들에게 찬송가도 가르칠 수 있었다. 그렇게 그는 점차적으로 직장에서, 가정에서 인정을 받지 못했던 것에 대한 균형을 되찾았고, 자신감도 되찾았다. 그래서 그는 자신이 역시 남다른 사람이라고 생각했다. 그의 교만과 자부심이 다시 한번 드러났고 그의 자기중심적인 고집스러운 성격 결함이 또 작용을 하기 시작했다. 점차적으로 조유산이 이해한 것이 혼지 기독교회의 성경 교리와 형식과 신앙 원칙과 갈등이 생기기 시작했다. 이는 주로 교인들이 교회에 가입할 때 세례를 받는 문제에서 나타났다.

그러면 세례는 무엇인가? 아래에 《웨스트 민스터 신앙고백서》에 기록한 내용을 일부 적으려 한다.

"세례는 예수 그리스도께서 제정하신 성례로서 세례 받은 당사자들을 유형교회에 엄숙하게 가입시키는 것을 뜻한다. 이로서 그 당사자에게는 은혜 언약의 표호와 인호가 된다. 이로서 그가 예수 그리스도에게 접붙임을 받고, 중생하고, 죄를 사함 받고, 예수 그리스도를 통하여 새 생명 가운데서 행하기로 하나님께 헌신하는 것을 나타내며 확증한다. 이 성례는 그리스도 자신이 친히 명하신 것이기에 세상 끝날까지 그의 교회 안에서 계속 집행되어야 한다.

이 성례에 사용되어야 하는 외형적인 요소는 물이며 이 물을 가지고 성부와 성자와 성령의 이름으로 세례를 주되 합법적으로 부르심을 입은 복음의 사역자인 목사에 의하여 집례되어야 한다.

이 의식을 모독하거나 무시하는 것은 커다란 죄가 된다. 그렇지만 세례를 안 받았다고 해서 그 사람이 중생할 수 없다거나 구원받을 수 없다든가 또는 세례받는 사람은 모두 의심할 여지없이 중생했다고 할 수 있을 만큼 세례 의식에 은혜와 구원이 불가분하게 속해 있는 것은 아니다.
세례의 효력은 그것이 집행되는 그 순간에 꼭 발생되는 것은 아니다. 그럼에도 불구하고 이 의식을 옳게 집행하게 되면 하나님께서 정해 놓으신 때에 하나님 자신의 뜻하신 바 계획을 따라서 약속된 은혜를 받도록 되어 있는 사람에게 성령으로 말미암아 그 은혜가 제공될 뿐만 아니라 또한 실제로 나타나고 부여된다.

세례 의식은 어떠한 사람에게든지 한번만 베풀어져야 한다."

그 때 아청현의 교회에는 두 가지 종파가 있었는데 하나는 '장로파'(长老派)이고 하나는 '소군파'(小群派)이다. 그 중에서 '소군파'의 세례 받는 방식은 자연의 강물이나 호수에 가서 세례를 받는 것인데 '침수례'라고 부른다. 한편, '장로파'가 추앙하는 것은 '점수례'인데 바로 그릇이나 대야에 물을 담아서 손으로 머리에 물을 끼얹는 방법으로 '침수례'를 대체하는 것이다.

그런데 여기 이 '소군파'에 대해 간단히 짚고 넘어가려 한다.
이 '소군파'는 '지방교회(地方敎会)'라고 하는 이단 단체인데, 설립자는 워치만니이며 그의 중국 이름은 예탁성(倪柝声)이다.
이 워치만니와 지방교회에 대해 '사단법인 한국고회연합 바른신앙교육원'에서 펴낸 《바른신앙을 위한 이단 사이비예방백서》에서 아래와 같이 기록했다.

"지방교회 창시자인 워치만 니는 1903년 11월 4일 중국 동남부 복건성 복주에서 9남매 중 셋째로 태어났다. 그는 조부때부터 회중교회의 신앙을 갖고 자랐으며 워치만 니라는 이름은 그가 기독교인이 된 뒤에 갖게 된 이름이다.

워치만 니는 기독교학교인 삼일서원에서 중 고등학교를 거쳤고 상해 요한 대학교에서 수학하였다. 18세 때인 1920년 기독교를 믿게 되었고 가두전도에 헌신하는 한편 영국 선교사들을 통해 빌려온 책을 탐독하며 신앙생활에 정진해 나갔다. 어린시절 열강의 선교사들과 관계를 맺었으며 영국을 포함하여 유럽을 여행하고 돌아와 중국선교사들의 선교정책에 관하여 비판하기 시작하였다.

중국선교사들을 못마땅하게 여긴 그는 1922년 봄 뜻을 같이 하는 신앙동지들과 모여서 성찬식을 가진 일을 필두로 1923년 워치만 니는 '작은무리운동', '소군파교회'(小群派教会)라는 경건주의 신앙운동을 시작하였다. 이 운동은 16년만에 7만 명을 전도하였고 700개가 넘는 지역 모임을 만들어 워치만 니를 훌륭한 복음주의 운동가로 평가받게 하였다.

워치만 니는 1952년 중국공산당으로부터 자본주의 제국주의의 앞잡이라는 죄명으로 체포되어 1972년 20년을 복역, 출소 후 같은 해 사망하였다.

지방교회의 교리

지방교회의 성경해석은 기성교회와 큰 차이는 없으나 삼위일체론과 인간론에서 차이를 보이고 있다.

1. 삼위일체론은 기성교회가 정죄한 양태론적 표현이다.
2. 하나님은 아버지였는데 아들이 되었다가 성령이 되었다. 성령이 교회가 되어가고 있다고 하면서 신인합일 사상을 강조하고 있다.
3. 하나님의 독생자에게는 신성만 있고 하나님의 아들로 인정된 인성이 없었다. 그러나 부활 안에서 그는 신성과 인성을 다 지닌 하나님의 맏아들이 되었다.
4. '사단의 화신인 죄를 멸하신 예수님을 영으로 모시고 살기 때문에 회개할 필요를 느끼지 않는다.'고 함으로 도덕 폐기론적 사상을 주장한다. '하나님의 형상과 모양'으로 창조된 인간은 하나님의 외형과 내형이라면서 하나님은 인간과 똑같다고 해석하고 신인합일 사상으로 신자의 신격화를 주장한다.
5. 그는 신학교나 신학대학교에 가서 성경을 연구하거나 종교적인 교육을 받아야 한다고 생각지 말라고 한다.

6. 타락은 사탄과 영합한 것 이라고 한다.
7. 삼중 구원 즉, 영 안에서는 구원을 받았으며, 혼 안에서는 구원을 받고 있으며, 몸 안에서는 구원을 받을 것이라는 삼중 구원을 주장한다.
8. 천주교처럼 여자는 머리에 수건을 써야 한다고 가르친다.
9. 불신자는 '오 주여'를 세번 부르면 구원을 받는다고 주장한다.
10. 천당은 북극에 있다고 주장한다.
11. 인간 삼분설을 주장하면서 삼위일체 하나님의 형상은 인간 삼위일체 (영,육,혼)에 있다고 주장한다.
12. 교파는 주님이 헐자고 하는 것이라고 주장한다.
   (1) 교파는 성서적인 것이 아니며 교파의 결과는 부패이다.
   (2) 교회는 자립하여야 하며 외부의 지배를 받아서는 안된다.
   (3) 중국교회는 성서의 말씀대로 순종하고 사도의 본분으로 돌아와야 한다.
13. 하나님은 성전의 지성소와 같은 인간의 영 안에 계신다고 주장한다.
14. 생명에는 육신의 생명, 혼 안에는 혼적인 생명, 영 안에는 하나님의 생명이라는 세 종류의 생명이 있다고 한다. 이는 경, 육, 혼 이라는 삼분설에 기초한 육적구원, 혼적구원, 영적구원 등 3중 구원론에 맞춘 것이다.

그리하여 예수교장로회 통합 측 75회기 사이비신앙운동 및 기독교 이단대책위원회(위원장 정행업)는 경북노회가 제출한 '지방교회의 정체에 대한 질의'에 따라 연구 결과 '이단'으로 밝혀졌다고 1991년 제76회 총회에 보고했고 이 보고는 그대로 가결되었다. 이어 제77회 총회에 '추가 연구보고서'가 제출되어 채택되었다."

그러면 계속해서, 그 당시 조유산과 '장로파'의 의견 차이는 바로 세례를 받는 의식에 있었다. 조유산는 '소군파'를 숭배해서 '침수례'를 찬성했다. 그래서 그는 '장로파'를 임의로 공격하기 시작했다. 그는 '점수례'를 받으면 예수에 대해 불순종하는 것으로서 구원를 받지 못하고 앞으로 지옥에 내려갈 것이며, 오직 '침수례'를 받아야만 구원를 받을 수 있다고 주장했다.

그때에 아청교회 교인들 중에도 마침 세례를 받는 방식에 대해 의견 분쟁이 있던차라 이 사건을 계기로 아청 교회는 두 파로 나뉘었다. 조유산은 이 분쟁 사건과 또 성경을 해석하고 찬송가를 배워주는 기회를 빌어 일부분의 교인들을 자기 편으로 끌어들였다. 그로부터 점차적으로 조유산과 '장로파'의 분쟁이 커지면서 그는 '장로파'를 눈에 두지 않았다. 그 따 아청현의 기독교회에서 권력을 잡은 사람들은 대부분이 '장로파'였기 때문에 조유산과 교회조직의 갈등도 점점 심각해졌다.

조유산은 아청교회 행사외에 어떤 때는 소형 가정 모임도 가졌다. 특히 '장로파'와 의견 분쟁이 생긴 후 더욱 그랬다. 모임 시간은 보통 매주 월요일, 수요일, 금요일이였다. 왜냐하면 당시 아청교회의 예배는 토요일과 주일에 드렸기 때문에 서로 충돌되지 않도록 하기 위해 이 시간을 선택했었다. 모임의 형식은 한 사람이 성경책을 받쳐들고 한 글자 한 문구씩 읽고 그 다음 해석을 하고, 토론하고, 서로 교통하고, 간증을 하고 하였다. 그리고 중간에 찬송가를 삽입하여 부르고 마지막에 장로가 정리를 하였다.

그 당시 많은 사람들이 성경책이 없어서 성경책을 가진 사람이 마치 권위자가 되고 예수님의 대언자가 된듯 하였다. 두말 할 것 없이 이런 현상은 보통 사람은 생각해 낼 수도 없는 일이였다. '누가 성경책이 있으면 누가 권위자가 된다!' 이거 무슨 논리인가? 이것이 성경의 교리에 부합되겠는가? 이로부터 당시 중국 동북의 20세기 80-90년대의 기독교를 믿는 신도들의 전체적인 수준이 어떠했는지 완전히 상상해 낼 수 있을 것이다.

위에서 언급한적이 있는 조유산한테서 목수일을 배웠던 제자인 유씨와 그의 아버지는 모두 으래된 신도였다. 유씨 아버지의 이름은 유건량(柳建良)인데, 바로 아청현 교회의 장로이다. 그러나 유씨 부자가 믿는 것은 '장로파'의 세례 방식이라 조유산이 믿는 '소군파'의 세례 방식과 의견 차이가 생겼다.

그런데 유건량의 며느리인 제연(齐燕)이는 도리어 '소군파'를 믿었는데 거기다가 조유산을 숭배하는지라 그는 조유산을 지지하고 늘 조유산과 함께 모임을 가졌다.

기자가 전에 몇번이나 제연이를 인터뷰하려고 했으나 번번이 제연에게서 거절을 당했다. 그 후에 여성 기자를 보내서 그와 일상적인 이야기를 나누면서 호감을 얻어서야 우리의 인터뷰를 받아 들였다.

기자: 제연씨는 그 때 조유산과 같이 모임을 가졌던 참가자이신데, 저희들은 주요하게 조유산이가 교회에서의 표현이 어떤 상태였는지 알고 싶어요?.

제연: 저는 그때 조유산씨의 집에서 모임에 참가했어요. 조유산씨는 글도 알고 악보도 읽을 줄 알았어요. 가끔은 설교를 하다가 찬송가를 가르쳐주고 하였는데 너무 참신적이였어요. 사람들이 다 그의 설교를 듣기 좋아했어요. 그런데 조유산씨는 약간 오만하고 고집이 세서 이경신 장로님과 유건량 장로님의 설교를 별로 찬성하지 않았어요.

기자: 처음에 조유산씨가 어떤 반응이였어요?

제연: 처음에 조유산씨는 아주 겸손했어요. 우리 아들이 튼튼하다고 칭찬을 하면서 이것은 주님이 내려주신 축복을 받아서 그렇대요. 그런데 조유산씨네 집에서 모임을 가졌을 때 그의 태도가 달라졌어요. 아주 독단적이였고 모든 사람이 반드시 자기 말을 따라야 한다고 했어요. 처음에는 사람들이 열 몇명에 불과했지만 나중에 점점 많아졌어요. 바로 이때 조유산씨가 유건량 장로님이 설교한 메시지에 대해 부동한 의견이 생겼어요. 조유산씨가 오늘 날 이 지경에 이른 것은 제 생각에는 그의 교만함과 고집과 직접적 관계가 있어요.

기자: 제연씨가 얘기하는 조유산이가 고집스럽다는 구체적인 예가 뭐어요?

제연: 아주 독선적이었어요. 언제나 자신의 생각이 다 옳다고 생각했어요. 남의 주장을 경시하고 존중하지 않았어요. 유건량 장로님은 오래전부터 성경을 배웠는데 우리 교회의 권위적인 분이셔서 도리대로 하면 우리는 모두 응당 그분의 설교를 잘 들어야 되는거예요. 만약에 틀리는 것을 듣게 되면 체출해서 모두들 함께 토론하고 진일보로 교류하면 되는

거지요. 그러나 조유산은 어떤 때에 유장로님이 설교가 틀렸다고 여겼는데 구체적으로 어디가 틀렸는지 그도 말을 못했어요.

기자: 조유산씨의 집에서 모임을 가질 때 조유산씨가 설교를 하는가요?

제연: 조유산씨의 집어서 모임을 하면 조유산씨가 설교도 하고 또 우리에게 찬송가도 가르쳐주고 악보도 가르쳐 주었어요. 그리고 이경신 장로님과 유건량 장로님께서도 설교를 하셨는데 윤번으로 설교를 했어요.

기자: 조유산이 구체적으로 어떻게 찬송가를 가트쳐주었어요?

제연: 먼저 악보(숫자코)를 두번 가르친 다음에 찬송가를 가르쳐주기 시작했었어요.

기자: 조유산씨네 집어서 모임을 가지면 그의 와이프가 동의하는가요?

제연: 조유산씨의 와이프도 우리와 같이 모임에 참가했어요. 그런데 제가 들은데 의하면 조유산씨의 와이프가 조유산한테 모욕을 당한대요.

제연씨는 입담이 좋은 사람이라 일단 이야기 보따리를 열자 마치 기관총처럼 하고 싶은 얘기를 다 해버렸다. 조유산은 확실히 재주가 있는 사람이다. 그는 찬송가를 부르면서 설교를 했는데 그 장면이 비교적 흥성흥성하였을 것이다. 그러길래 제연씨가 '장로파'를 믿는 자신의 시아버지와 남편을 지지하지 않고 오히려 '소군파'를 믿는 조유산을 지지한 것이다.

조유산이 대담하게 권위에 도전하고 '장로파'의 설교 내용을 반대하는 것은 그가 소년 시절의 반란심리와 의지와 일맥 상통한 것이다.

그런데 이것은 조유산에게 좋은 결과를 가져오지 못했다.
조유산은 본래 젊은 목사 후보자 중의 한 명으로서 그의 장점이 점점 돋보이기 시작했었다. 그러나 그의 오만과 선입견이 그에게 아주 나쁜 영향을 가져다 주었다. 특히 그와 '장로파'와의 분쟁과 모순이 격화되면서 나중에 그는 목사 후보에서 낙선되었다.

제3절
융왠(永源)으로 떠나가다

조유산이 목사 선거 경쟁에서 낙선되자 당연히 '삼자애국교회위원회'의 대표로 허이룽쨩성에서 열린 전 성 종교계대회에 참석하지 못하게 되었다.

'삼자애국교회'는 '삼자애국교회위원회'를 말하는데 '삼자교회' 또는 '삼자애국교회'라고 약칭한다. 이는 중화인민공화국정부와 집정당인 중국공산당의 정치적인 지도를 받고 외국 교회의 관리와 관여를 받지 않는 중국 교회를 말하는데, '자립, 자양, 자전'의 원칙을 실시한다. 이것은 중국에서 유일한 합법적인 기독교 신앙의 교회이다. 다른 그 어떠한 형식의 교회는 모두 불법이다.

물론 중화인민공화국이 성립 전인 중화민국시기의 기독교회도 있다. 예를 들어 '중국 예수교자립회', '그리스도인 회당' 등도 '자립, 자양, 자전'을 원칙으로 했는데 이런 교회는 지금 주로 '중국자립교회'라고 한다.

조유산은 목사 후보에서 낙방되고 '삼자교회'의 대표로도 당선되지 못하자 아청현의 교회에 대해 원한을 품었다! 이로부터 조유산은 아청 교회에서 벗어나 스스로 교파를 창립하는 길을 걷게 된 것이다.

조유산은 1983년부터 1985년까 3년 동안 아청 교회에서 사역했는데 교회에서 설교도 하고 찬송가도 부르고 또 찬송가를 가르치기도 했다. 당시에 비록 그가 성경에 대해 잘못 이해한 부분들이 있었지만 이걸로 인해서 아청교회에서 권력으로 그를 따돌릴 것이 아니라 그에게 회개할 기회를 주고 정확한 성경의 교리로 그를 바른 신앙으로 인도해야 하는 것이다.

만약 당시에 아청교회에서 조유산을 잘 가르치고 적당하게 활용하였다면 조유산은 충분한 긍정적 에너지를 발산할 수 있었을 것이고 아청구 기독교회의 사업을 크게 발전시킬지도 몰랐다. 그러나 현실은 이와 정반대였다.

아청교회에서 출교당한 조유산은 어느 한 기회에 '중국 홍콩 교회연구

중심 광주 주재 사무소'의 연락원인 유덕신(刘德新)을 만났다. 그가 조유산에게 선교 소책자와 녹음 테이프를 가져다 주었다.

융왠(永源)진은 산이 푸르고 물이 맑은 곳인데 또 융쩡왠(永增源)이라고도 부르는데 원래 아청시에 속해있는 농업을 위주로 하는 자그마한 진이였다. 2006년에 아청시가 시를 없애고 하얼뻰시의 한 구가 된 후에 융왠진과 쮜왠(巨源)진을 모두 하얼뻰시 또와이(道外)구에 포함시켰다. 그래서 여기는 지금 하얼뻰시 또와이구 관할 구역으로 되었다. 그래서 이곳은 지금 하얼뻰시 또와이구 융왠진(哈尔滨市道外区永源镇)이라고 부른다.

이 융왠진은 아청구와 야꺼우진에서 거리가 멀지 않다. 여기는 전형적인 농업 지역이라 농촌 인구가 대부분을 차지했다. 여기 사람들은 비록 학벌이 별로 높지 않지만 소박하고 착한 사람들이다. 조유산이 이곳에서 다른 분파를 창립하고 전파했다. 이것은 분명히 이곳의 민풍에 한 차례 중대한 손상을 입힌 것이다.

제 4 절
비밀 모임 장소

1986년부터 1991년까지 조유산은 하얼뻰시 또와이구 융왠진을 중심으로 아청(阿城)시, 상쯔(尚志)현, 린커우(林口)현, 지씨(鸡西)시, 쌍야

쏸(双鸭山)시, 닝안(宁安)시와 고향인 야꺼우진 등 지역에 분포된 가정 모임 장소에서 빈번하게 비밀 모임을 가지고 자신의 이단 교리를 전파하기 시작했다. 그리하여 융왠진은 조유산이 자신의 이단 교리와 사상을 선전하는 근거지로 되었다.

이때는 조유산이 아직 자기를 '하나님'(神)이나 '주'(主)라고 자처하지 않았고 그가 창립한 교파도 아직 정식적인 이름이 없었으며 엄격한 조직화 관리는 더구나 없었다. 기껏해야 그저 소규모의 무지몽매한 상태였다. 조유산이 '능력주'(能力主)로 자임하고, '실제 하나님'(实际神)으로 자임하고, '호함파'(呼喊派)의 교리 사상을 접촉하게 되고, 그의 교파가 '능력주교'(能力主教), '실지 하나님교'(实际神教), '동방번개'(东方闪电)로 자칭한 것은 나중에 일이다.

조유산이 융왠에서 남몰래 모임을 하는 상황에 대해 그의 동생인 조옥도 잘 모르고 그가 선교하는 선교비의 출처에 대해서도 알길이 없다.

여러 사람을 경과한 끝에 우리는 조유산이 융왠에 거주했을 때의 이웃이였던 이경표(李庆彪)와 연락하게 되었다. 이경표는 전형적인 동북사람이고 짙은 동북 말투를 사용하였다. 사람은 친절하고 묻는 말에 모두 대답했다.

기자: 이경표씨는 조유산이가 융왠에 있었을 때에 이웃이셨는데 그때 조유산이가 융왠에서 어떤 활동을 벌렸는지 말씀 좀 해 주실 수 있어요?

이경표: 처음엔 저도 즈유산의 일행에 대해 잘 몰랐어요. 그들이 설립한 교회에 대해서도 몰랐어요. 한번은 그들이 선교하는 책을 가지고 오다가 하얼삔 기차역에서 붙잡힌 적이 있었어요. 그들이 가지고 온 책은

모두 다 정규적인 출판사에서 발행한 것도 아니고 발행 번호도 없는 불법 서적이였어요. 그러나 그들은 끝까지 그 책이 자기들 것이 아니라고 했어요. 그 후에 이들은 녹음 테이프까지 만들었어요. 어떤 노래 가사에는《융왠은 좋은 고장이라 새벽별 하나가 은빛을 반짝이네》라는 내용이 있었어요. 그들은 자주 모임을 가졌어요.

기자: 그러면 그들의 모임 장소에 매번에 몇명씩 모이는가요?

이경표: 주일 예배 때는 40-50명 정도씩 모였어요. 평시에는 열 몇명 밖에 안 되었어요.

기자: 이경표씨가 알기로는 그때 모임에 참석한 사람들이 어떤 사람들이였요? 그 모임장소는 아직까지 있는가요?

이경표: 대부분이 나이가 많으신 분들인데, 50-60세되는 분들이 비교적 많았고 대부분이 여자들이였어요. 그때 모임 장소로 쓰던 집에 지금 거주하고 있는 사람은 이름이 곽흠군(郭钦君)인데 그 당시 아주 가난했어요. 그 모임 장소로 쓰던 집은 바로 그 당시 모임을 가졌던 사람들이 돈을 모아서 그에게 지어준 거예요.

이경표의 대답에서 우리는 조유산이 융왠으로 와서 초기에 비밀적으로 선교를 하던 일부 상황을 파악했다. 이 모임 장소가 사실은 곽흠군의 집이다. 조유산이가 융왠에 처음 왔을 때 발붙일 곳이 없어서 신도 곽흠군의 집을 임시 모임 장소로 하였는데 그때 당시 곽흠군은 몹시 가난하고 아주 낡은 집에서 살고 있었다. 그리하여 조유산이 그의 교회의 신도들을 호소하여 헌금을 도가서 곽흠군에게 새 집을 지어 주었다. 이 일로 인해서 곽흠군은 조유산에게 아주 감격하였고 그로부터 곽흠군은 조유산을 신처럼 모셨다.

그리고 조유산은 선교 초기에 소책자를 인쇄하기 시작했고 녹음 테이프도 만들었다. 비록 규크가 작았으나 이를 통해 조유산의 조직력과 선전 능력을 보여 주거나 손상해 낼 수 있었다. 그리고 조유산이 녹음 제작한 노래 가사 《융왠은 좋은 고장이라 새벽별 하나가 은빛을 반짝이네》라는 내용에서 조유산은 이미 자기를 포장하기 시작했다는 것을 보아낼 수 있었다. 그 '새벽별'은 명백하게 조유산 자신임을 암시하는 것이다.

제 5 절
하나님을 믿던계로 부터 '실제 하나님'을 믿다

조유산이 초기에 융완에서 선교를 할 때는 무질서한 상태라서 의도적으로 자신을 '하나님'이라고 자처하는 단계에 아직 도달하지 못했다. 그러나 선교 활동이 깊어짐과 그가 신도들의 반응에 대한 관찰에 따라 그의 자기 중심적이고 편듁적이면서 고집스러운 성격이 또 작용을 하기 시작했고 그의 개인적인 욕망은 커지기 시작했다. 그래서 그는 모임 장소에서 선교를 하는 기회를 빌어 그의 계략을 실시하기 시작했다.

조유산은 자기의 교도 사상을 선전하는 방식은 주로 각 가정 교회 모임 장소에서 정기적으로 모임을 가지고 성경의 내용을 제나름대로 해석하는 방식으로 사람들을 끌어들였다. 그런 다음 점차적으로 그의 이른바 '실제 하나님'으로 과도했다. 즉, 쥐도 새도 모르게 하나님을 믿는 신도들로 하여금 하나님을 믿던데로부터 '실제 하나님'을 믿는데로 유도했다. 뿐만 아니라 조유산은 자신이 바로 그 '실제 하나님'이라고 했다. 이런 점은 곽흠군에 대한 인터뷰에서 나타내고 있다.

기자: 조유산에 대해 얼마나 알고 계시는가요? 모임을 가질 때 그가 설교하는 내용은 주로 어떤 것이었어요?

곽흠군: 처음에 저도 잘 알지 못했어요. 나중에 모임하는 차수가 늘어나면서 조금 알게 되었어요. 처음에 왕장로가 설교를 하였고 그 후에 조유산이가 설교를 했어요. 설교한 내용도 '그리스도'에서 '능력주'(能力主)로 바뀌었고, 또 '상수주'(常受主)로도 가끔 설교했어요. 그러면서 점차적으로 성경의 내용을 설교하지 않았어요.

기자: 조유산이가 신도들에게 자신에 대해 어떤 태도를 가지라고 요구했어요?

곽흠군: '주'를 믿으라고 설교할 때에 조유산은 부지불식간에 자기가 '주', 곧 '실제 하나님'이라고 했어요. 저도 그때 의심을 했지만 하도 많은 사람들이 믿고 모두 다 경외하는 마음을 가지고 있고 또 이른 바 '하나님'을 노하게 할까봐 겁나하고 있었어요. 그래서 저도 조유산이 뭐라고 하면 그대로 받아들였어요.

조유산은 부단히 모임 장소에 찾아온 신도들에게 그의 교리를 주입시켰고 또 성경의 교리와 사상, 그리고 기독교의 명의를 빌어 자신을 '실제 하나님'으로 만드는 목적을 달성하려고 했다. 최초의 아청 종교국의 지도자였던 조경방(赵庆芳)도 조유산의 선교 방식에 대해 알고 있었다. 조경방의 소개는 조유산이 융왠에서 선교한 과정에 대한 인식을 진일보로 풍부하게 했다.

기자: 조유산이 자신이 개최한 모임에서 어떤 방식을 채용했는가요?

조경방: 모두 다 온돌 모임이었는데 대부분이 조유산과 사이가 좋았던 교우들이였지요. 나중에 선교하는 성질이 달라졌고 점점 신비로워졌어요. 심지어 문을 지키는 사람도 있었어요.

기자: 그 후에 '능력주' 모임을 하는 장면은 어땠어요?

조경방: 이른바 '성령발언'이라고 하는 '방언'을 사용했어요. 모두 다 표준말을 사용하지 않았어요. 모든 신도는 다 자신의 약호가 있을 뿐만 아니라 조유산의 사타구니 밑에 있는 것을 자랑으로 느꼈는데 그들은 이렇게 하면 구원을 받는다고 생각했어요.

조유산이가 융왠에서 이른바 '주'와 '하나님'을 전파했을 때 그의 독선적이고 교만하고 자기 중심적이고 편면적이면서 고집스러운 성격적 결함이 가져오는 부정적인 영향도 충분히 나타났다. 이 시기에 그는 신도들이 전부 다 자기의 설교만 믿으라고 요구했을 뿐만 아니라 방법을 바꿔서 신도들을 괴롭히고 모욕을 했다. 모든 신도에게 "자기로 그들의 목마를 타게 하고 이렇게 하는 것은 '주님의 보좌'가 되는 것이고 최고의 영광이며 이렇게 해야만 구원을 받는다"고 거짓말을 하였다.

이런 논조는 황당하기 그지없었다! 그런데 더 황당한 것은 이렇게 많은 사람들이 이런 허튼소리를 믿었다는 것이다! 무엇때문이였을가? 악령이 그들을 지배하였는가? 얼마나 불쌍한 사람들인가!

조유산이 처음에 융왠에서 모임을 가졌을 때에 그래도 비교적 공개적인 방식으로 진행했었다. 그러나 그가 '하나님'을 전파하고, '주'를 전파하는 활동이 심화되면서 그들의 활동도 은밀해지기 시작했다. 매번 모임을 가질 때마다 보초를 세우고 또 모임에 참가하는 사람들은 다 약호가 있으며 의사 소통을 할 때도 암호를 사용했다. 사실은 이른바 약호가 바로 영적인 이름이다. 무릇 모임에 참가하러 온 사람들은 가족에게 어디로 가는지 알릴 수 없었다. 곽흠군은 초기에 조유산의 교파를 믿었던 신도로서 조유산이 선양한 "무릇 나더러 목마를 타게 한 신도는 다 '주님'의 구원을 받을 수 있다"고 한 일에 대해 몸소 경험했다.

기자: 모임을 가졌을 때 조유산이 남의 몸에 올라타는 상황이 나타났는가요?

곽흠군: 그런 상황이 있었어요. 조유산은 '주'와 '그리스도'를 높이 추겨들어야 한다고 했기에 누구도 '주님'께 죄를 지을가봐 감히 반문을 못했어요. 그리하여 조유산은 남의 몸에 올라탔어요.

곽흠군은 조유산의 교파를 신앙한 것으로 인해서 그 자신이 육체와 정신적으로 심한 괴로움을 당했을 뿐만 아니라 또 아내와 아이에게까지

해를 끼쳤다. 그의 아내는 이 때문에 농사를 하고 싶지 않아 하였고 부엌에 가기 싫어했으며 심지어 아를 낳기 싫어서 곽흠군을 몰리고 가만히 가서 유산을 하였었다. 곽흠군은 이런 얘기를 할때 온 얼굴이 다 눈물천지였다.

기자: 곽흠군씨와 아내 분이 다 이 조유산 교파의 '주'를 믿었는가요?

곽흠군: 저희 집 사람은 저보다 더 깊이 빠졌어요. 그는 '주'를 믿기 위해서 애기를 가지는 것도 싫어했어요. 사실 저는 나중에 좀 동요했어요. 저는 농사를 지어야 될 것은 농사를 짓고, 일해야 할 것은 일해야 하지 '주'를 신앙한다고 해서 생활도 관계하지 않는 것은 옳지 않다고 생각했거든요. 그러나 저의 아내는 그렇게 생각하지 않았어요. 그는 전에 가만히 아이를 낙태하였는데 나도 몰랐어요. 후에 한번 그가 병원에 가서 검사를 받게 되었는데 의사 선생님이 그에게 아이가 있느냐고 물었어요? 저의 아내가 없다고 하자 의사 선생님께서 그에게 "지금 배속의 이 아이는 오누이 쌍둥이인데 낳았으면 좋겠어요."라고 했어요. 그래서 저의 아내는 나중에 이 아이들은 낳기로 결정했어요. 결국 오누이 쌍둥이를 낳았어요.

기자: 애들을 어떻게 키우셨어요?

곽흠군: 처음에 우리는 그래도 성실하게 일해서 아이도 잘 키웠어요. 그런데 훗날 그는 '세계 종말이 다 되었기에 사람들에게 큰 일이 생긴다'는 말을 얻어 듣고 무척 구서워 했어요. 그래서 그는 기어코 떠나가야 한다고 했어요. 뭐 '최후 심판의 날'이 왔대요. 당시 그가 나보고 대 재난이

곧 닥쳐오니까 함께 집을 떠나가자고 권고했어요. 그러나 저는 그때 애들이 반드시 학교에 가야 하기에 그를 따라 갈 수가 없었어요.

　기자: 이것은 몇년전의 일인가요?

　곽흠군: 13-14년 전에 일어난 일이예요.

　기자: 지금도 아내 분과 연락을 하시는가요?

　곽흠군: 2012년에 한번 연락을 했었는데 아주 어렵게 지내고 있었어요. 어느 곳의 지하실에 있다고 하던데 상세한 주소는 저한테 알려주지 않더군요. 겨울이 되면 그가 온 몸을 비닐로 꼭 싸는데 이튿날 아침에 일어나면 온 몸에 다 서리가 낀대요. 그러나 그는 지금도 그 조유산의 교리 중에 '주'를 굳게 믿고 있었어요.

　　곽흠군은 울고 나서 머리를 들어 창밖을 오래동안 응시했다. 그는 확실히 자기의 아내를 사랑하고 있었다. 전에 그는 수없이 전화에서 그녀를 보고 마음을 돌리라고 권고하면서 결과가 어떻게 되었든지 다 받아들이겠다고 했다. 지금 그들의 두 아들은 이미 성장하여 소년이 되었다. 이미 중등학교에 다닐 나이가 되었다. 그들도 하루 빨리 어머니가 집에 돌아오시기를 고대하고 있었다.

제5장
자신을 '하나님'으로 봉하다

제 1 절
교파에 가입하다

1989년 음력 섣달은 이 한 해의 제일 마지막 달이다. 생각밖으로 그해는 유달리 춥고 눈도 엄청 많이 내렸다. 사람들은 다 밖으로 나가기 두려워 하고 설사 밖에 나갔다 해도 십분을 넘기지 못했다. 입김을 불면 모두 흰 서리가 되고 침을 뱉으면 땅에 닿기도 전에 싸락눈이 되어 버렸다. 그래서 사람들은 하루 종일 집에서 끊임없이 난로만 지피고 있었다.

구정이 곧 다가오고 있었다. 명절이 다가오니 사람들은 다 고향집으로 돌아오고 있었다. 부고에게 효도하는 아들 딸들은 새해 선물을 사들고 천리길도 마다하지 않고 고향집으로 달려가 연로하신 부모님과 친인척들과 한자리에 모인다. 이건 중국에서 아주 정상적인 일이다.

그러나 조유산은 정반대였다. 그는 고향집으로 들아가는 것이 아니라 고향을 떠났다. 바로 이해 섣달에 조유산은 두춘생(窦春生), 하철신(何哲

讯)과 같이 허난성 칭펑현(河南省淸丰县)으로 떠났다. 그들은 특별히 '호함파' 신도인 왕옥정(王玉庭) 여사를 방문하여 '호함파'에 가입할 문제를 모색하려는 것이였다.

왕옥정은 영적 이름이 순종(順服)이다. 왕옥정의 남편은 이미 돌아가셨고 딸 아이 하나 있었다. 왕옥정은 조유산 등 일행이 기독교를 신앙한다는 것을 알게 되자 '과부 문전에는 시비가 많다'는 혐의도 떨쳐 버리고 또한 허이룽쨩에서 온 세 명의 사내가 그의 딸 아이한테 불리하지 않을가 하는 생각조차도 하지 않고 열정적으로 조유산, 두춘생, 하철신 등 세 명의 사나이를 맞아들였다. 그와 동시에 왕옥정은 그들이 머물러 있는 며칠 동안에 구체적이고 상세하게 당시 허난성을 포함한 중국 대륙의 '호함파'가 전파된 일부 상황과 어떻게 그 교파에 가입하여 정식 신도가 되는가 하는 것을 설명하였다.

연속 며칠 동안의 가르침을 거쳐 조유산은 '호함파'의 이왕지사를 좀 알게 되었고, 홍콩, 대만지역 '호함파'의 연원을 알게 되었다. 물론 왕옥정이 알고 있는 것도 한계가 있었다.

헤어질 때 조유산은 왕옥정 본인이나 혹은 '호함파'의 목사가 허이룽쨩의 자기네 융왠교파에 와서 전도하고 설교하기를 초청하였다. 그러자 왕옥정은 바로 그 자리에서 승낙하였다.

이듬해 정월 보름, 왕옥정은 정말로 왕경서(王庆书), 상회(相会), 입정(立定) 등 세명의 목사들을 허이룽쨩성 하얼삔시 또와이구 융왠진으로 설교하러 보냈다. 뿐만 아니라 조유산, 두춘생, 하철신 등을 위하여 세례의

식도 거행했다. 즉 '소군파'의 '침수례'말이다. 그리고 조유산에게 '능력'이라는 영적 이름을 하사하였다. 그후로부터 조유산은 정식으로 '호함파', 즉 '상수교'(常受教)를 섬기게 되었다. 그리고 그는 허이룽쨩성 하얼삔시 아청 기독교에서 분화해 나온 융왠교파를 정식으로 '호함파'와 하나로 합쳤다.

제 2 절
'호함파'는 어떤 조직인가?

'호함파'는 유래가 깊은 사교(邪教)조직이다.

중국 중공 중앙 사무청과 국무원 사무청과 공안부에서 '중화인민공화국형법'제300조에 의거해서 지정한 사교(邪教)조직이 14개이다.

중국 중공 중앙 사무청과 국무원 사무청이 지정한 사교 명단에 든 것은 호함파(呼喊派), 도제회(徒弟会), 전범위교회(全范围教会), 영영교(灵灵教), 신약교회(新约教会), 관음법문(观音法门), 주신교(主神教)다.

중국 공안부가 지정한 사교(邪教) 명단에 든 것은 피입왕(被立王), 통일교(同一教或统一教), 삼반복인파(三班仆人派), 영선진불종(灵仙真佛宗), 천부의 아들딸(天父的儿女), 다미선교회(达米宣教会), 세계엘리야복음선교회(世界以利亚福音宣教会)이다.

중국 중공 중앙사무청과 국무원 사무청이 지정한 사교(邪敎) 명단 중에서 '호함파'(呼喊派)가 제일 첫 자리를 차지하고 있다.

'호함파'(呼喊派)는 동방번개파와 교리 상으로 밀접한 관계를 갖고 있는 이단으로 중국 교회와 한국 교회 나아가서 세계 교회에 많은 피해를 끼친 이단이다. 호함파는 워치만 니의 영향을 받은 이상수(李常受)가 교주이다.

이상수(李常受)는 1950년, 중국 싼뚱성 앤타이시(中國山東省烟台市)에서 태어났다. 청년시기 동북에서 처음으로 기독교를 접촉하게 되었고 그 후에 워치만 니의 모임에 참가하게 되었다. 1932년에 워치만 니를 통해 세례를 받고 2년후부터 전도를 하기 시작하였는데 나중에 그 모임의 영수가 되었다. 1933년8월21일부터 전직으로 교회사역을 하였다. 1934년에 상하이(上海)로 이사하여 워치만 니의 동역자가 되었고, 1935년말에 워치만 니의 파견을 받고 탠찐(天津) 영국 조계지 요화리(耀华里)에 가서 뻬이핑(北平)과 탠찐(天津) 지역의 사역에 종사하였다. 1947년말부터 1948년초까지 홍콩(香港), 광저우(广州), 싼터우(汕头), 쌰먼(厦门), 푸저우(福州) 등 지역에 있는 교회의 초청으로 그 곳에 가서 그 교회들을 부흥시켰다.

1949년에 이상수는 워치만 니의 파견을 받고 대만에 가서 활동하기 시작했다. 그러다 1958년부터 1960년까지 이상수는 미국 샌프란시스코와 로스앤젤레스와 뉴욕에서 지방교회 즉 호함파를 세웠다. 1962년 로스앤젤레스에서 호함파운동을 시작하였다.

1979년, 이상수는 중국으로 귀국하여 호함파라는 이름으로 정식 모임을 시작하였다.

1997년 6월 9일 이상수는 미국 남 캘리포니아에서 92세를 일기로 65년 동안의 사역을 마치고 사망했다.

이상수는 자칭 '상수주'(常受主)라 하고 신도들에게 자신을 경배하도록 하고, 자신은 사람들을 구원할 자이며, '오주! 오주! 오주!'를 세 번 외치면 구원을 얻을 것이라고 가르쳤다. '호함파'는 《성전과 성벽을 건축함》 (圣殿与圣城的建造), 《주는 곧 그 영》(主就是那灵), 《생명의 지식》(生命的知识)이라는 자신들의 경전을 가지고 있는데, 이 경전에 나타난 주요 교리를 살펴보면, 상당부분이 '동방번개파'의 교리와 유사한 것을 발견하게 된다. '호함파'의 성경관을 보면, '말씀'(道)의 시대는 이미 지나갔고 '그 영'(那灵)의 시대가 임하는 길을 회복하는 것이라고 한다. 그리고 성경은 이미 시대에 뒤떨어진 책이라고 거짓말 하면서 신도들이 성경을 홀로 읽는 것을 허락하지 않으며 오히려 그들의 저작물인 '생명독경'(生命读经), 즉 '회복본'(回复本)만을 읽고, 교주의 테이프를 듣는 것만으로 충분하다고 주장한다. 아래에 '호함파'의 교리를 간단히 몇개 적으려 한다.

첫째, '호함파'는 (사 9:3)을 인용하여, "아들이 곧 아버지이고, 예수 그리스도의 위격과 성부 아버지의 위격은 동등한 것"이라고 주장한다.

둘째, '호함파'는 (고후 3:17)을 인용하여, "주는 곧 그 영"(主就是那灵)인데, 즉 "예수 그리스도께서 십자가에 못 박혀 죽은 후 죽음에서 부활한 예수가 바로 '그 영'이 되었다"고 한다. 그리고 삼위일체에 관해서는 곧 "성부가 성자가 되고, 또 성자가 다시 성령이 되었다." 그러므로 사실은 삼위가 아니라 일위이며 오직 각 시대에 다른 단계로 나타났을 뿐이다라고 주장함으로 '삼위일체'를 기본적으로 부정하고 '일체삼위론'을 주장하고 있다.

셋째, '호함파'는 그리스도에 관하여는 (골 1:15) 말씀을 인용하여, "예수 그리스도는 '피조물'이다. 다만 그리스도는 피조물 중의 첫 번째일 뿐이다"고 주장하고, 또한 자화론(子化论)을 주장하는데, 예수와 그리스도를 분리한 사상이다. 즉 "육체를 입고 오신 예수는 인성의 부분이고, 마리아에게서 출생했을 뿐 하나님의 아들이 아니다. 예수는 육체를 입고 오셨는데 육체는 죄를 지니고 있다. 유독 '그리스도'만이 하나님의 아들이다."고 허튼소리를 친다. 그리고 "예수가 십자가에 못박힐 때에 사단이 되어 완전히 하나님을 대적하는 자가 되었다. 그는 제일 불결하고 비천한 방법으로 그 인생을 끝마쳤다."고 거짓말을 꾸며대고, 또 "예수는 재림하지 않는다"고 허튼 소리를 친다.

'호함파'의 사상들을 종합하여 볼 때 신학적 오류가 심각하며, 성경의 자의적 해석이 지극히 왜곡되어 있는 이단인 것이 분명하다.

제 3 절
헛소문으로 대중을 유혹하다

1990년 봄, 날씨는 점점 따뜻해지기 시작했다. 허이룽쨩성 하얼삔시 드와이구 융왠진에서 한겨울을 숨어있던 사람들도 하나하나 나와서 활동하기 시작했다.

조유산이 봄 내내 심사숙고한 결과 그의 '융왠교파'와 동북의 '호한파'와의 결합 사무에 또 새로운 계획이 생겼다.

그래서 그는 교회의 매개 핵심 인원에게 다 영적 이름을 지어 주었고 서로 영적 이름으로 부르기를 요구했다.

그리고 그의 와이프 부운지(당시 영적 이름이 화목(和好)이다)와 두춘생의 와이프 주계금(周桂琴)(당시 영적 이름이 은근(殷勤)이다)더러 신도들 사이에서 요언을 퍼뜨리라고 했다.

그리하여 부운지와 주계금은 신도들 사이에서 "합일(合一(합일은 조유산이 조작해낸 세속을 벗어났다는 신도이다))이 영 안에서 '능력주 참 하나님'이 바로 우리 융왠에 있다고 계시를 받았다"고 요언을 퍼뜨렸다. 이렇게 한 사람이 열 사람에게, 열 사람이 백 사람에게…, 전달되어 사람들은 분분히 의논했다. 융왠에 '능력주 참 하나님'이 계신다고 하는데 도대체 누구일까?

이것은 조유산이 면밀히 계획한 첫 걸음이다. 이어서 그는 또 영가(灵歌)두 곡을 지어냈는데 그 중에 한 곡이 바로 《능력주, 주는 어디에 계신가?》이다. 그리고 거짓 간증을 하는 방식으로 이 노래는 일찍부터 목사들 사이에서 불려지고 있다고 하였다. 그리하여 이 영가는 융왠 교회 모임 장소와 아청 교회 모임 장소와 기타 다른 모임 장소에서 널리 불리우기 시작했다.

시간이 좀 지나 사람들은 마음속으로 이 '능력주'가 도대체 누굴까? 라고 의혹을 가질 즈음 조유산은 두춘생 등 몇몇 사람들더러 이 틈을 타서 "능력의 주는 예수님이 두 번째로 말씀이 육신이 되어 나타나신 것인데, 이는 성령 계시의 최고봉이다", "성령은 이미 역사하기 시작했다. 능력의 주는 곧 그리스도시다! 우리는 알고 버림을 당하지 않도록 해야 한다", " ……조유산이 바로 '능력', 바로'주'이다. 이는 조유산이 '호합파'에서 세례를 받을 때 받은 영적이름 '능력'과 딱 맞아 떨어 진다"라고 하면서 사람들을 유혹시켰다.

이렇게 조유산의 세심한 계획하에 비법 기편의 수단으로 계획적이고 조직적으로 선전하면서 절차가 있게 한 걸음 한 걸음씩 '능력'이 '능력주, 참 하나님'으로 전변하게 하였다. 뿐만 아니라 "말씀이 육신이 된 살아 있는 그리스도께서 하나님의 단으로 나아가셨다"고 하면서 조유산의 '융왠교파'가 '참 하나님 교파' 혹은 '참 하나님교회'로 되게 하는 목적을 이루려 하였다.

그 후로부터 조유산은 제멋대로 여론을 조작하기 시작하였다. 그리고 이해도(伊海涛)와 곽흠군을 선발하여 여러 곳에 가서 조유산의 교리를 전하게 하고, 또 "예수가 육신으로 융왠교회에 나타났다", "능력주 참 하나님이 바로 사람들 가운데에 숨어서 역사하는 살아계신 그리스도이다", "최후의 나날에 능력주와 함께 왕노릇한다"는 등등의 왜곡된 교리와 사악한 주장을 고취하게 하였다. 조유산은 각종 거짓말과 기만술책을 엮어서 각지로부터 사람들이 융왠으로 몰려와서 '성령으로 나타난 사람'을 찾고, '능력주'를 참배하고, '참 하나님'을 참배하게 하여 남에게 말해서는 안되는 은밀한 목적을 달성하려 하였다.

마지막으로 조유산의 야심은 이미 극도로 미쳐버린 정도에까지 도달했다. 그는 신도들에게 기도할 때 '상수주'라고 외치던 것을 '능력주'로 고쳐 부르라고 명령했다. 그리고 매일 수십번 기진맥진하도록 "오! 능력주여! 아멘! 당신은 전능하시고, 완전히 부활하시고, 완전히 유일한 참 하나님이시고, 이긴 대왕이시나니 당신의 보좌를 세세무궁토록 추겨들리라! 우리는 모두 당신의 장자입니다. 아멘!" 라고 부르짖으라고 요구하였다. 뿐만 아니라 신도들더러 한 사람 한 사람씩 자기의 사타구니 밑으로 바져나가게 하고 오직 이렇게 하여야만 예수님의 구원을 받을 수 있으며 이것이야말로 '능력주'를 추겨드는 것이다고 거짓말을 꾸며댔다.

신도들은 처음에는 의심하던데로부터 점점 적응되는 상태에 이르렀다. 하지만 후에 입교한 사람들은 진상도 모르고 눈앞의 이와 같은 소름끼치는 장면을 보게 되자 처음에는 뒤흔들리다가 나중에는 부지불식간에 참배 가운데에 가입했다.

시간이 바뀜에 따라 조유산은 점차 사람들이 자기에 대해 믿어 의심치 않는다는 것을 발견하게 되었다. 그는 시기가 이미 성숙되었다고 여겼다. 그래서 곧 광범한 신도들에게 헌금을 할 것을 제안하였다. 일정한 헌금이 들어오자 그는 교회의 모임 장소를 늘리고 지하 인쇄공장도 세우고 '능력주교' 훈련반을 운영하기 시작했으며《설교총집》,《말씀이 육신에서 나타나다》,《그 영이 많은 교회들에게 말하고 있다》등 책을 편집 인쇄하기 시작했고 또 조직적으로 교리에 어긋나는 사악한 주장을 퍼뜨리기 시작했다.

곽흠군은 이전에 조유산의 '능력주교'에 중독되어 얼이 빠졌던 사람중의 한명이다. 그가 후에 회억한데 의하면 그때 당시 그는 마치 무엇에 다 홀린 것처럼 허전하여 자신이 사람인지 귀신인지도 분간할 수 없었고 아무것도 할 기분이 나지 않았었는데 꼭 악몽을 꾼 것만 같았다고 하였다.

기자: 곽흠군씨는 지금 다시 그때 당시 믿었던 '능력주교'에 대한 기억을 떠올릴 때 어떤 새로운 인식을 가지게 되나요?

곽흠군: 지금에 와서 다시 그때를 떠올리니 끔찍하네요. 그 당시 저희는 저희 답지 않았고 상상할 수도 없었어요. 많은 것들이 믿을 수 없다는 느낌이 들었고 아무 기분도 나지 않았으며 자신감도 없었어요. 뿐만 아니라 저의 와이프도 이 일 때문에 지금도 집에 돌아오지 않았어요. 제가 혼자서 아들과 딸을 키웠어요. 살림이 매우 어려웠어요.

기자: 곽흠군씨는 그 당시 그 교파에서 나오고 싶은 생각은 없었어요?

곽흠군: 후에는 확실히 그런 생각이 들었어요. 더 이상 이것을 믿으면 친인척들도 친구들도 다 저희 곁을 떠날 것 같은 느낌이 들었어요.

곽흠군은 지금 조유산의 '능력주교'를 말하면서 대단히 후회하고 있었다. 그는 지금도 의연히 아내를 그리워 하고 그가 하루 빨리 깨닫고 돌아와 함께 생활하기를 바랐다.

우리는 전에 조유산이 융왠에서 선교할 때 이웃이였던 이경표(李庆彪)씨를 인터뷰 한적이 있었는데 이경표씨는 당시 조유산의 상황에 대해 좀 알고 있었다.

기자: 이경표씨는 그 당시 모임의 내용과 경위에 대해 알고 계시는가요? 예를 들면 누가 설교하고 누가 영가(靈歌)를 부르는가? 하는 것 말입니다.

이경표: 그건 잘 모르겠어요, 제가 참석한적은 없었고, 또 제가 알기로는 그 모임에 참석한 사람들은 모두 다 다른 사람에게 누설하지 않는대요.

기자: 왜 다른 사람에게 누설하지 않는가요?
이경표: 제 생각에는 그들이 '능력주교'에 중독되어 얼이 빠지고 멍청하게 되었어요. 그때 그들은 오로지 성경만 읽게 하고, TV를 못 보게 하고, 라디오를 못듣게 하였으며, 아이들을 학교에 입학 못하게 했으며, 자기들과 관계없는 이방인과 접촉을 못하게 했으며, 또 자기네'능력주'를 믿지 아니하는 사람과 결혼을 못하게 했어요.

기자: 그때 현지에 이 '능력주'를 믿는 사람이 많았나요?

이경표: 인수가 적지 않았어요, 근데 대부분 다 외지 사람들이였어요.

기자: 이 '능력주'를 믿는 사람들의 지금 생활 형편이 어떠한가요?

이경표: 대부분 사람들은 다 고향을 떠나갔고 곧흠군만 남았어요. 그러고 그의 아내는 이 '주'를 믿기 때문에 집을 나간 것이 지금도 안 돌아오고 있어요.

그리고 이경표외에 또 이보순(李宝顺)이라 부르는 사람도 조유산이 융왠에서 선교할 때 이웃이였는데 그도 조유산 무리가 당시에 벌렸던 활동에 대해 조금 알고 있었다.

기자: 이보순씨는 조유산이 영원에서 선교할 때 서로 이웃이였잖아요. 그 때 조유산의 선교 상황에 대해 얘기 해 줄 수 있나요?

이보순: 제가 그때 융왠에 살고 있었는데 우리 집과 조유산네 교회 사람들이 모이는 장소가 비교적 가까웠어요. 그래서 조유산의 상황에 대해서 조금 알고 있어요. 그러나 저는 종교를 신앙하지 않았기에 그들의 내부의 상황에 대해서는 잘 몰라요. 단지 얻어 들은 것과 본 것을 일부 소개할 뿐이예요. 처음에 저는 단순히 기독교인들의 모임인줄로 알고 별로 신경을 쓰지 않았어요. 그런데 나중에 보니 그들은 매번 모일 때마다 창문 커튼을 쳐놓고 외계에 대해서도 엄격히 비밀을 지켰으며 모두 다 비밀스럽게 행동했어요. 그리고 교회 밖의 사람들과 접촉을 하지 않았어요. 부부 사이에도 만일 아내가 '능력주교'를 믿는다면 남편도 웬 영문인지 모른다고 해요. 그들은 매우 은폐적이고 살금살금 남몰래 모이는데 거의 밤 9시 넘어서 시작하는데 밤 11까지 해요. 안에서 들려오는 외침소리는 비교적 높았어요. 그리고 많은 사람들이 외지로부터 서둘러 와서 모임에 참가하는데 쟈무쓰(佳木斯)나 무단쨩(牡丹江)등 지역에서 온 신도들은 저녁에 아예 집에 돌아가지 않고 거기에 머물렀어요.

기자: 그들이 '능력주교'를 믿음으로 말미암아 가정 상황에 변화가 생긴 일들은 없었나요?

이보순: 변화가 있지요. 모임에 참석하는 이 사람들은 원래는 다 착실하고 순박한 농민들이었어요. 그런데 조유산의 모임에 참가한 후로부터 더 이상 돈을 벌어 생활하기 싫어했고 돈이 쓸모 없다고 여겼어요. 그리고 또 한가지는 바로 조유산네가 '세계 종말이 왔다'고 선전하여 사람들의 인심이 불안과 초조감에 떨게 하였어요.

기자: 그들이 그때 당시도 '능력주'라고 불렀나요?

이보순: 그때는 '상수주'라고 불렀고, 나중에 '능력주'로 고쳐 불렀어요. 더 후에는 '동방번개'라고 불렀어요. 그 당시 이 교파를 믿는 사람들은 남자들은 장가를 못 가게 하고 여자들은 시집을 못 가게 했어요.

기자: 이런 상황들외에 또 다른 변화는 없었나요?

이보순: 이 '능력주교'를 믿다가 만일에 중도에서 물러나려고 하면 누군가 나서서 "온 가족이 다 하늘의 견책을 받게 되고 훼멸적인 재난을 당하게 된다"고 공갈 협박했어요.

비록 이경표와 이보순은 당사자는 아니지만 그들의 서술을 통해 측면으로부터 조유산이 '능력주교'를 전파하던 시기의 일부 상황을 서로 인증하게 되었고 또 '능력주교'의 진실한 면모에 대한 우리의 인식을 한결 더 풍부하게 했다.

조유산, 이 방자하고 오만한 녀석은 '상수주'로 가장하였다가 다시 꽃을 이식하고 나무를 접목하는 방식으로 교묘한 수단을 써서 '호함파'와 합쳤다 분리하는 과정을 통해서 '상수주'를 '능력주'로 살짝 바꾸는 계획을 완성했다. 그리고 신도들을 지배하고 제멋대로 재물을 긁어모으는 목적을 달성하기 위하여 보통 사람으로서는 근본 생각해 낼 수도 없는 교회 구칙을 가득 제정해 놓고 신도들의 사랑, 혼인과 사적인 비밀까지 간섭하였다. 뿐만 아니라 심지어 공갈 협박하는 수단도 마다하지 않았다.

그러니까 조유산은 인의 도덕이 털끝 만큼도 없는 자인 것이 틀림없다. 그가 '능력주교'를 세운 것은 완전히 정상적인 기독교의 교리를 벗어난 것이고, 인권을 침해한 것이며, 인성까지 어긋난 짓을 한 것이다.

조유산이 융왠으로 떠나와서 이른바 '융왠교파'를 세우기까지 전후 지속된 기간이 6, 7년정도 된다. 그는 비법적인 비밀모임, 전도, "호함파'세례를 받아들이는 문제와 자기가 '상수주'로 가장하였다가 다시 꽃을 이식하고 나무를 접목하는 방식으로 교묘한 수단을 써서 '호함파'와 합쳤다 분리하는 과정을 통해서 '상수주'를 '능력주'로 살짝 바꾸는 계획을 완성했다. 뿐만 아니라 또 '융왠교파'라는 명목으로 모양을 새롭게 하여 '실제 하나님'으로 불렀다 '능력주'로 불렀다 '동방번개'로 불렀다 하였다. 그런데 진상을 모르고 미혹되어 '융왠교회'행사에 참여하는 인원 수가 점점 늘어나 수백, 수천을 헤아렸다. 근처의 십 여개 현시와 하얼삔 또와이구를 포함하여 대부분 지역이 심한 피해를 입었다. 심지어 그 피해가 허이릉쨩 유역의 변경지역, 예를 들면 지씨(鸡西)나 닝안(宁安)지역에까지 미쳤다.

제 4 절
'동방번개'로 불리우다

사악한 마귀의 역사는 반드시 정의의 진노를 받게 된다. 1991년5월8일, 이날은 일년 중 제일 평범한 하루면서 또한 특별한 하루이다.

이 시절은 바로 봄이 지나가고 여름이 다가오는 시절이다. 너무 춥지도 않고 덥지도 않다. 밭에서 하루 종일 힘들게 일한 농민들은 일찍 집으로 돌아가 저녁을 먹고 내일의 일을 위해서 일찍 잠자리에 들었다.

곽흠군의 집에는 여느 때처럼 사람들로 가득 모였다. 비록 집 안에는 전등이 환하게 켜져 있지만 창 밖에서 들여다 보면 불빛이 조금도 새여 나오지 않는다. 조유산의 몇몇 측근자들의 주동하에 진상을 모르는 성실한 사람들은 조유산의 사타구니 밑으로 기어 다니고 있었는데 그들은 이것을 부끄러워하지 아니하고 오히려 최상의 영광으로 여기고 있었다. 왜냐하면 그들은 이렇게 하는 것은 마침내 '주님의 보좌'가 되는 기회를 얻었다고 여기고, 꼭 주의 보호를 받을 수 있고, 의식주와 교통이 문제 없고, 죽은 후에는 또 천국에 갈 수 있다고 여기기 때문이였다.

마을 입구 멀지 않은 곳에서 누군가가 입에 담배를 물고 서서 주위를 살피고 있었다. 이맘때 여기에 서있는 것은 분명히 '능력주교'의 모임 행사를 위해서 보초를 서는 것임이 틀림없는 것이다.

하얼삔시 공안 기관은 확실한 증거를 손에 넣은 후 결국 이날을 선택해서 행동을 시작했다. 경찰들은 슬그머니 보초를 피하여 쥐도새도 모르게 곽흠군의 집 앞 마당까지 왔다. 한차례 체포 행동이 바로 이렇게 시작되었다. 결과 공안 기관은 성공적으로 곽흠군의 집에 설치된 '융왠교회' 모임 장소를 단속하고 그들의 선교용 서적들과 인쇄 설비들을 전부 압수하였다. 뿐만 아니라 참을성 있게 신도들을 설복하여 각기 자기의 고향으로 되돌아가 농사일을 하게 했다. 그러나 유감스러운 것은 교활한 조유산이 법망을 피해 창문으로 빠져나가 들판으로 도망간 것이다.

하얼삔시 아청구 종교국의 책임자 조경방(趙庆芳)은 인터뷰를 받을 때 하얼삔시 공안국에서 '융왠교회'에 대해 단속한 일부 상황에 대해 진술하였다. 뿐만 아니라 또 조유산의 '능력주'가 '동방번개'로 고쳐 부른 것과 '융왠교회'의 일부 상황에 대해서도 진술하였다.

기자: 공안 기관에서는 어떻게 조유산의 이 '융왠교회'를 발견하게 되었나요?

조경방: 1991년, 한번은 허이룽쨩성 각 지방의 사람들과 다른 성의 사람들, 이를테면 료닝(辽宁)성과 허난성의 사람들이 조유산이 인쇄한 책을 가지러 융왠에 왔어요. 그들은 매 사람마다 모두 큰 주머니를 들고 있었는데 그 주머니 안에는 조유산이 인쇄한 책들이 가득 들어 있었어요.

그런데 이들이 다 똑같은 주머니를 무겁게 들고 있는 것이 경찰들의 의심을 불러 일으켰어요. 그래서 그들이 하얼삔시 공안국에 통지했어요. 그러나 유감스럽게 체포 할때에 조유산이 도주하였어요. 아마도 허난의 모 지역으로 도주하였을 겁니다. 도주할 때 여자 두명을 데리고 도주했어요.

기자: 조유산의 '능력주'는 언제쯤 '동방번개'로 개명하였나요?

조경방: '동방번개'로는 아마도 이상수가 죽은 뒤 조유산과 따랜(大连)의 이수계(李树溪)와 오과문(吴科文) 등 '소군파'를 전파하는 사람들과 연락을 취한 후 개명하였을 거예요. 이수계와 오과문은 다 '소군파'의 핵심 인원이었어요. 그 중에 꽝뚱(广东)에서 온 사람이 한 명이 있었는데 이름이 잘 기억이 안 나요. 이 사람의 여동생이 미국에 있는데 그때 당시 대륙에는 종교에 관한 간행물이 적어서 이 사람이 자기 동생을 통해서 선교 서적들을 구입했어요. 그 서적에는 중국의 종교 정책과 중국 공산당을 빗대어 공격한 내용도 들어 있었어요.

기자: 그럼 '능력주'는요?

조경방: 좀 더 지나서 조유산은 또 '능력주교'를 설립했어요. 그때 조유산은 신도들이 조유산을 만나면 무조건 무릎을 꿇으라고 요구했어요. 그리고 모임 때는 조유산이 신도의 목마 타는 상황까지 나타났어요. 이는 신도들로 하여금 조유산을 목에 태우는 것은 이른바 '능력주'를 목에 태우는 것이기에 비할데 없는 영광스러운 일이라는 것을 느끼도록 하였어요. 또 그 시기에 조유산은 많은 양기를 돋구는 녹용, 녹각, 녹편(숫사슴의 생식기) 같은 자양품들을 적지 않게 받았어요. 그 다음 한가지 더 언급하고 싶은 것은 조유산이가 후에 책을 한권 펴냈는데 그 책에서 그는 자기를 이렇게 소개했대요. "나 이 '하나님'은 사실 보통 사람에 지나지 않는다. 키는 크지 않고 높은 문화 지식도 없고 예전에 불교도 믿었었고,

천주교도 믿었었다." 그 책을 학(郝)장로님이 보신적이 있대요. 학장로님이 말씀하시기를 그 책은 조유산이 진술하고, 다른 사람이 대필한 것이래요.

조경방이 인터뷰를 받을 때에 얘기했던 것들은 매우 중요한 문헌이였다. 비록 대충한 이야기이지만 조유산이 황망히 허난으로 도망간 상황에 대해서 생동하게 서술하였다. 특히 조경방이 서술한 '융왠교회'가 후기에 어떻게 '능력주'와 '동방번개'로 개칭하였는가 하는 사실은 우리들로 하여금 조유산의 교파가 개명하고 개변한 유래에 대해서 다소 의아하게 하였다.

조경방의 서술에 의하면 조유산이 이수계, 오과문과 연락을 취하게 된 것이 관건적인 역할을 일으켰다고 볼 수 있었다. 왜냐하면 이 두 사람은 모두 '소군파'의 핵심 인원으로 조유산의 사상관념과 약속이나 한 듯 일치하기 때문이였다.

그리고 위에서 조경방이 이름이 잘 기억 안 난다는 꽝뚱 사람은 바로 앞 글에서 얘기한 유덕신이다. 이 사람은 바로 중국 홍콩 기독교 연구중심 꽝저우(广州) 주재 사무소의 연락원이였다. 그의 동생이 미국에서 주요하게 기독교와 관련되어 있는 사업에 종사하고 있었는데 일부 서적이나 신문 잡지 등 간행물을 인쇄하고 있었다. 조유산은 바로 이 몇몇 사람들의 도움하에 점차적으로 '융왠교회'를 개조하고 업그레이드 시켜서 선후로 '능력주'와 '동방번개'로 이름을 개명하였다.

두춘생은 의심할 바 없이 초기 조유산 교파에서 조유산을 추종하고 치

켜올리는 자 중의 한 사람이었다. 그는 조유산이 1989년 구정 직전에 '호함파' 신도 왕옥정을 만나려고 허난성을 방문할 때에 함께 갔던 사람이다. 조유산이 미국으로 도강간 후 두춘생은 하얼삔 현지 정부의 사상 개조를 거쳐 관념이 바뀌었다.

두춘생은 1991년 조유산을 수행하여 허난으로 함께 도망간 몇 사람 중의 하나이다. 그의 회상에 따르면 당시 그들이 허난으로 도망갈 때의 과정은 이러했다.

1991년 5월8일 밤, 하얼삔 공안국에서 체포를 실시할 때 저는 창문으로 뛰어나와 먼저 융왠진 장림촌(永源镇长林村)에 있는 영적 이름이 '득생'(得胜)이라고 부르는 유덕복(刘德福)의 집으로 도강갔어요. 조금 지나서 뜻밖에 조유산도 그곳으로 도망왔어요. 당시 조유산은 참 이해되지 않는다고 했어요. 우리가 이토록 은밀하게 활동했는데 정부에서 어떻게 발견했는가 하는 것 말입니다.

다음날, 우리는 다 함께 무단쨩(牡丹江)으로 도망갔어요. 그 곳에서 우리는 화미(华美)와 진심(真心)과 회합했어요. 그리고 무단쨩에서 기차를 타고 지난(济南)으로 돌아서 허난성으로 갔어요.

두춘생의 서술을 통해서 우리는 그날 밤 조유산이 도망쳐나온 후에 먼저 무단쨩으로 가서 화미와 진심과 합류한 후 또 다시 기차를 타고 지난으로 돌아서 허난성으로 도망갔다는 것을 알 수 있었다.

그러면 화미와 진심은 도대체 누구인가?

화미와 진심은 본명이 아니라 영적 이름이다. 화미는 본명이 유성지(刘成芝)인데 허이룽쨩성 닝안시 버하이진 꽈이죠촌(黑龙江省宁安市渤

海镇拐角村)의 농민이다. 후에 그녀는 조유산이 책임지고 부양하는 애인이 되었다.

진심은 본명이 조려연(赵丽娟) 인데 허이룽쨩성 하얼삔시 또와이구 융왠진 뚱촨촌 6조(黑龙江省哈尔滨市道外区永源镇东川村六组)의 농민이다. 그녀는 조유산 교파 '실제 하나님' 시기 때 핵심 인원이였다.

아까 앞 글에서 조경방은 조유산이 수많은 양기를 돋구는 자양품들을 받았다고 했는데 독자들도 지금 그 일이 좀 이해되리라 믿는다. 조유산이 황망히 도망치는 중에도 왜 하필 무단쨩을 거쳐서 가는가? 여기서 바로 그의 본심이 딴데 있다는 것을 말하지 않아도 알 수가 있는 것이다.

조유산이 허이룽쨩성 융왠에서 자기의 교파를 설립하고 전파하는 과정을 총괄해 보면 세계 기타 사교 이단 교파들과 흡사한 점이 매우 많은데, 그 것은 바로 정규적인 교리와 이름을 빌어서 꽃을 이식하고 나무를 접목하고 장가의 갓을 이가가 쓰는 수단으로 제멋대로 교리를 왜곡하여 자기 교파의 위신을 세우고 나아가서 추종자들과 신도들의 심신 자유를 통제하고, 또 위협하고, 제압하고, 규제하고, 관리하고, 사기하는 등 수단으로 재물을 긁어모으고 여자들을 기만하여 성 노리개로 만드는 목적을 이루는 것이다. 더 나아가서 나중엔 살인범죄까지 마다하지 아니 하는 것이다.

제 5 절
도망 다니다

1991년 5월 8일, 허이룽쨩성 하얼삔시 또와이구 융왠진의 모임 장소가 정부로부터 금지 당한 후 겁망을 빠져나온 조유산 일행은 당황한 마음으로 목표없이 사방으로 도망을 다녔다. 처음에 그들은 발붙일 곳을 찾아 영적 이름이 '순종'이라 부르는 왕옥정 여사를 찾아 허난성 칭펑현으로 갔다. 1989년 구정 직전에 즈유산이 두춘생, 하철신과 같이 허난성 칭펑현에 가서 '호함파' 신도인 왕옥정을 방문하여 '호함파'에 가입할 문제를 모색한적이 있었다. 그곳에서 조유산 일행은 대략 4일 정도 묵고 다시 안후이성 멍청(安徽省蒙城)으로 떠나갔다.

안후이성 멍청에 한 농가가 있었는데 그 집의 남편은 조유산에게 미혹되어 조유산의 교파에 가입하고 영적 이름을 '성취'(成就)라고 지었다. 그들 부부는 아주 순박한 농민인데 슬하에 아들 두명과 딸 한명을 두고 있었고 생활이 아주 곤궁하고 궁색하였다. 그러나 그들은 이 '실제 하나님', '능력주'를 감히 조금도 소홀히 대할 수 없어서 빚까지 져가면서 있는 정성을 다하여 대접했다. 조유산 일행은 아무런 체면드 없이 '성취'네 집에서 2개월정도 머물렀다.

조유산 일행은 '성취'네 집에 머물러 있는 동안에도 선교를 멈추지 않았다. 당시 그들은 그곳에서 허이룽쨩성 융왠 교회의 모식대로 선교하였다. 그런데 얼마 되지 않아서 안후이성 멍청의 사람들이 조유산의 교리를 받아들이지 않았다. 그러자 조유산의 심정은 마치 김빠진 공이 높은

봉우리에서 만길 낭떠러지에 떨어지는 것만 같았다. 이것은 조유산에게 침중한 타격을 가져다 주었다. 그는 자기의 교파 사상을 전파하는 사역이 이미 깊은 위기에 빠졌다는 것을 깊이 느꼈다.

제6장
'여 하나님'을 조작하다

제 1 절
창왠에서 잠시 머물다

조유산 일행은 안후이성 멍청에서 선교가 실패를 보자 부득이하게 허난성으로 돌아왔다. 이번에 그는 다시 칭펑현의 왕옥정 집으로 돌아가지 않고 떵펑현 마꺼우향(登封县马沟乡)에 있는 영적 이름이 '기래'(起来)라는 농가집에 갔다. 이 '기래'라는 신도는 서른 몇살 정도였고 정직한 농부였으며 아내와 함께 아이 셋을 키우고 있었다. 조유산은 '기래'의 집에서 이틀 머물면서 '기래'가 현지에서 신분과 지위가 낮아 호소력과 인도력이 없다는 것을 느끼고 그의 '능력주교'가 아직은 잠시 여기에서 더 좋은 발전이 없다고 생각하여 그 곳을 떠나 허난 동북 방향에 위치한 씬샹(新乡) 창왠(长垣)현으로 갔다.

창왠현은 멍청보다 믄화 역사가 더 유구한 도시이다. 약5000~6000여년전 인류가 이곳에서 거주하고 번성했다 한다. 유명한 쾅청유지(匡城

遺址)가 바로 창왠현 도시 서남쪽 10km되는 장짜이향 쿵짱촌(张寨乡孔 主村) 일대에 있다.

조유산 일행은 먼저 창왠현 도시 내에 거주하고 있는 탁홍근(卓洪勤) 의 집으로 왔다. 탁홍근은 50세가 넘은 남자였고 현지에서 신분도 있는 편이였다. 전에 창왠현 공상국의 부속 기업에서 사장직을 담당했었다. 탁홍근은 이 먼길을 와준 '교주'에게 한치도 소홀하지 못하게 가족들에게 신신당부하고 열정적으로 접대했다. 탁홍근의 애인 모수화(毛秀花) 역시 충실한 신도로서 남편의 명령을 거역 하지 않고 조유산에 대해서 매우 존경했다. 이렇게 조유산은 탁홍근의 집에 한동안 거주하면서 점점 탁홍근이 믿음이 충실할 뿐만 아니라 자기에게도 매우 공손하고 또 사회적 지위도 있고 인맥도 비교적 넓으며 현지에서 일정한 영향력도 있다고 느꼈다. 그래서 조유산은 이 사람을 크게 사용할 수 있다고 생각하고 이 사람에게 의지하여 창왠현에서 자신의 선교의 '위대한 사업'을 발전 시키기로 마음 먹었다.

몇달 후, 조유산은 창왠현 탁홍근 집에서 자신의 정서가 안정된후 창왠현 근처의 농촌에 가서 선교하여 자신의 세력 범위를 확대하려 했다. 조유산은 상세한 관찰을 거쳐 만춘(满村)향에서 먼저 돌파구를 뚫었다.

만춘향은 창왠현 북부에 위치해 있고 현성과 6km 떨어져 있으며 총 31개의 마을을 관할하고 있는 농업을 위주로 하는 진으로써 경작지 면적이 6만 헥타르이고 농사 짓는 농민이 무려 4만 5천여명이 되었다.

만춘향에는 천광근(陈广勤)이라는 퇴직간부가 있었다. 조유산이 창왠현에서 선교할 때 이 사람과 친분을 맺었었다. 천광근과 그의 아내 왕청애(王青爱)는 모두 충실한 신도였다. 그들 부부는 장기적으로 만춘향 여러 마을에서 가정 모임을 가지고 설교하고 전도하였다. 그리하여 각 마을의 가정 모임 장소의 집사를 모두 알고 있었다. 천광근 부부는 조유산이 전하는 '능력주교'의 교리에 대해 믿어 의심치 않았고 이 교주에 대해서도 아주 추앙했다.

천광근은 탁홍근보다 더 파워가 있었고 사회 활동 범위도 더 넓었다. 그가 전에 구급(区级) 무장부 부장직을 담임했었기 때문에 사회 각 계층의 인물들과 접촉이 있었다. 그리하여 조유산은 그를 꽉 붙잡고 그를 충분히 이용하려고 결심했다.

그리하여 조유산은 천광근과 상의하여 계획을 세워가지고 천광근이 조유산에게 하나하나 추천하는 방식을 통해 조유산이 직접 만춘향의 각 마을 모임 장소의 집사들과 연락을 취하고 또 같이 반복적으로 성경을 연구 토론했다. 그리고 조유산이 기회를 빌어 집사들에게 그의 '능력주교'의 교리를 전파했다. 뿐만 아니라 조유산은 가끔 가정 교회 모임 장소에 직접 들어가 말단의 교회 사람들과 직접적인 접촉을 하고 그의 '능력주교'의 일부 교리를 전파하려고 시도도 했었다.

얼마 지나지 않아 조유산은 만춘향의 모든 마을의 교회 사람들의 상황을 모두 파악했다. 그리고나서 그는 또 기타 향진(乡镇)으로 확장하기 시작했고 순서대로 각 가정 모임 장소의 집사와 연락을 취하고 그들의 인정을 받으려고 시도했다. 이렇게 몇개월이 지나자 조유산은 이런 방식을 통해 창왠현 각 향진의 거의 모든 가정 교회 모임 장소의 상황을 전부 파악했다.

조유산은 현지 조사 연구를 통해 얻은 자료와 데이터에 근거하여 반복적으로 따져보고 창왠현을 허이룽쨩성 융왠진 다음으로 되는 '능력주교'를 전파하는 두번째 근거지로 만들기로 결정하고 창왠현을 그의 마음속의 전국 선교 중심으로 만들겠다고 결심했다.

제 2 절
골똘히 생각하다

조유산은 일찌기 허이룽쨩성의 아청, 융왠에서 그의 "능력주교"를 전파 할때 허이룽쨩성의 기타 지역, 예를 들면 지씨(鸡西), 닝안(宁安), 쒼커(逊克), 쌍야산(双鸭山), 뽀칭(宝清), 린커우(林口), 무단쨩(牡丹江) 등 지역에서 자신이 바로 '실제 하나님'이고, '능력주'이며, 바로 '동방번개'이고, 바로 '동방에서 일어나는 사람'(东方兴起人)이다고 거짓말을 하였다.

다시 말하면 조유산은 교주로 자칭했다. 그러나 그는 현재 이런 패턴이 허난에서 통하지 않는다는 것을 의식했다. 그가 창왠현에서 탁홍근과 천광근의 집과 각 마을의 가정 모임 장소에서 성경을 강해할 때에 그의 머리속에는 어떻게 하면 선교 방식을 개변하고 구조를 조정하여 신속히 현재의 곤경에서 속히 벗어날 수 있을가? 하는 문제들로 가득 찼었다.

그리하여 조유산은 선교의 기본 방식을 개변시키기로 계획했다. 즉 융왠교회 때처럼 그저 간단하게 교회 사람들만 그가 바로 '하나님'이라고 하는 것을 믿게 하는 것에 머무르지 않고 많은 사람들이 그가 바로 '육적인 그리스도로'이 인간 세상에 강림한 거라고 믿게 하는 것이었다. 물론 이것은 얼마전에 허난성 칭펑현과 안후이성 명청현의 선교 실패가 그에게 준 교훈이였다.

다시 말하면 허이룽쨩성 융왠교회 선교의 기본 패턴과 서로 비교해 보고 그는 '다른 길'을 택하고 그의 교파에 대해 겉모습을 바꾸는 작업을 하겠다는 것이다.

그렇다면 어떻게 변화시켜야 하는가? 조유산은 생각이 뚜렷하지 않았다. 그는 애타게 기다리고 골똘히 생각했……

제 3 절
양향빈(杨向彬)을 우연히 만나다

공교롭게 1992년 상반기에 조유산은 사정이 생겨 싼시성 따통시(山西省大同市)에 갔다가 어떤 가정 비밀 선교 모임에서 신비한 젊은 여성을 만났다. 이 사람이 바로 나중에 조유산이 조작해낸 명성이 높은 '전능하신 여 하나님'이고, '여 그리스도'인 양향빈(杨向彬)이다. 그런데 조유산과 양향빈이 이미 탈출하여 출국한 관계로 두 사람이 만난 자세한 경과를 다 알수가 없었다. 하지만 일부 내막을 잘 아는 관계자의 서술에 근거하여 대체적으로 당시의 상황을 상상할 수 있었다.

양향빈은 1973년 11월 18일 생이며 싼씨성 따퉁시 씨펑진(山西省大同市西坪镇) 사람이다. 조유산과 만날 때 18세 미만이며 고등 학교를 다니고 있었는데, 어떤 사람은 중퇴하고 집에 있었다고 말하고, 어떤 사람은 대학 입시에 낙방했다고 말하며, 심지어 어떤 사람은 그는 성이 정(郑)씨이고 정신질환 환자라고 하였다. 아무튼 양향빈의 생애 경력은 아직 자세한 고증이 필요하다.

사실, 양향빈은 학습 성적이 우수한 여자 애가 아니였다. 그렇지 않다면 그녀는 대학에 추천되었거나 대학 수시에 합격되었을 것이다. 학교에서 양향빈은 학습 성적이 좋지 않았고 또 학습 흥미가 높지 않아 학업에 싫증을 내기 시작했다. 이로 인해 그녀는 자기의 앞길이 캄캄하고 친구, 선생님과 사회 취업에 대한 부담도 배로 증가되었으며 자신을 점차 폐쇄시키기 시작했었고 점차 우울하게 변해갔으며 정서가 몰락되고 때로는 정신이 혼미 했으며 혼자말을 중얼거리기도 했었다. 이런 상태는 모종의 정신 분열증, 과대 망상증 등 정신질병과 매우 비슷하여 일부 공적인 매체 등을 포함하여 누군가 양향빈은 정신질환 환자라고 했었다.

사회의 한 사람으로서 이때의 양향빈은 자연인에서 사회적 인물로 전변하는 가장 위험한 시기에 처해 있다고 말할 수 있었고 또한 그녀가 마침 기댈곳이 없을 때에 어떤 사람의 소개로 가정 교회를 접촉하기 시작하였는데 당시에 그녀가 처음 접촉한 교회가 '호함파' 교회일 가능성도 있었다. 왜냐하면 훗날에 보면 조유산의 교리와 파장이 비슷하기 때문이다. 아무튼 공식적인 교회는 아니였다. 그때 양향빈에게 가정 교회를 소개하고 접촉하여 참가하게 한 사람은 다른 사람이 아닌 바로 그의 어머니였다.

양향빈의 아버지는 운전사였으며 어머니는 집안 일을 하는 가정 주부였다. 그들은 딸 양향빈의에 또 일남 일녀를 두고 있었다. 양향빈의 어머니는 이미 오래 전부터 신앙생활을 해 왔었지만 정규적인 교회당에 가서 신앙생활을 하지 않고 또 정규적인 목사님의 설교를 들으면서 신앙생활을 한 것이 아니라 일부 비 정규적인 가정 교회 모임의 활동에만 참가했었다. 그리하여 그녀가 참가한 교회는 '호함파'교회 일 가능성이 있었다.

양향빈은 어머니의 안내하에 교회를 접촉하고 가정 교회의 모임에 참가하기 시작했다. 일반적으로 가정 교회 모임은 1주일에 세번 즉 매주 수요일, 금요일과 주일에 진행했다. 양향빈은 매번 도임에 모두 참가하여 집사의 설교를 중학교 담임 선생님의 강의보다 더 진지하게 들었다. 비록 가끔 성경 한 구절을 한 두시간씩이나 설교하고 게다가 집사의 문화 수준이 높지 않아 설교 한 것이 그다지 잘 이해되지 않았지만 양향빈은 매 번 표현이 아주 좋았고 질리지 않았으며 또 매 번 열심히 설교를 듣고 새로운 인생의 느낌과 깨달음이 있는 것만 같았다.

처음에 양향빈은 교회 모임에 참가하여 듣기만 했다. 그 후에 집사의 설교가 성경에 대한 그녀의 흥미와 지식욕을 만족시키지 못하자 그녀는 자신이 직접 성경을 읽기 시작했다. 양향빈의 성경 열독은 일종 넋을 잃은 듯한 상태에 이르렀으며 그녀는 아담과 하와의 러브 스토리에 깊이 빠져들어갔으며, 또 노아 방주가 인류를 구한 스토리에도 충격을 받았다. 점차적으로 그녀의 인생은 아주 큰 변화를 가져오고 인생의 의미와 가치에 대한 새로운 이해를 하게 되자 다시는 예전처럼 소심하고 우울해 하지 않았고 심리상태도 적극적으로 변해갔다. 더욱 그들 중에서 그녀가 받은 문화 교육 정도가 고등 학교 교육 수준에 도달하였는지라 일반 신도의 문화 수준보다 훨씬 높은 수준이고, 더 나아가서 조유산보다도 한수 위였다. 그리하여 그녀가 성경을 읽을 때 그녀가 이해한 소감은 그 문맹자들과 반 문맹자들보다 더 깊었다.

하지만, 예상치 못한 일이 일어났다. 양향빈은 학습을 통해 성경에 대한 이해가 비교적 깊어지게 되자 점차적으로 설교자의 설교가 잘못되고 터무니 없음을 느끼게 되고 때로는 이에 변론하고 때로는 집사와 소 목양지의 책임자 등 지위가 한급 높은 사역자들과 이견과 갈등이 생겼다. 그런데 그때, 사람들은 연달아 그녀에게 이해가 잘못되고, 생각이 특이하며, 교리에 부합되지 않는다는 등 비난을 했으며 심지어 그녀에게 허튼소리를 하고 호의를 갖고 있지 않다고 욕설을 퍼부었다. 물론 사람들의 이런 태도를 양향빈이 생각지도 못했었다. 이런 결과는 그녀로 하여금 또 다시 고통과 무력함에 빠지게 하였고 또 다시 표정이 쓸쓸하고 애원이 가득하기 시작하였으며 다시 정신이 혼미하고 혼자 중얼거리게 하였다. 지금 보니 양향빈의 이른바 '특이한 생각' 과 '허튼소리'는 사실 바로 그녀가 성경을 읽은 후 자기의 이해에 근거하여 발표한 느낌과 의견일 뿐이다.

양향빈이 이번에 당한 정신적인 타격은 또 하나의 심한 마음의 상처가 되었다. 그것은 그녀 인생의 첫번째 타격을 훨씬 초월했다. 이번에 그녀는 얼떨떨한 정신이 동반하는 동시에 성경의 내용을 혼자 중얼거는 현상이 나타났는데 이는 전에 나타나지 않았던 것이다. 그리고 때로는 자신이 성령의 감동을 받았고, 또 직접 하나님의 부르심을 받아 하나님을 만나뵙고, 때로는 자신이 이상한 꿈을 연달아 꾸고, 때로는 많은 기이한 광경을 지켜 보았으며, 때로는 하나님이 이미 그녀에게 "장래에 중대한 책임과 사명을 감당해야 하고 전 인류를 구해야 한다"는 계시를 주었다고 말했다.

양향빈의 이런 사유방식, 그가 겪은 인생 곤경 및 그가 남긴 인상은 과거에 조유산이 허이룽쨩성 하얼삔 아청구 교회에서의 상황과 아주 비슷했다. 이로써 양향빈은 조유산과 같은 성격과 사유, 습관, 즉 그런 일종의 자아 중심적이고 맹목적으로 자신하는 고집스런 성격 결함이 있는 사람이라는 것을 판단할 수 있다. 바로 이런 원인 때문에 그들 두 사람은 만나자마자 서로 뜻이 맞고 마음이 통했다.

양향빈은 자신을 이해하고 동정해주는 이 먼곳에서 온 '교주'에게 한 치의 거리낌도 없이 자신이 다년간 받은 억압, 낙담과 불평을 털어놓았다. 동시에 자신이 성경에 대한 다른 의견도 한꺼번에 모두 꺼내 놓았다. 예를 들면 양향빈은 '성령의 역사'의 기본 교리는 신도를 '하나님의 장자', '하나님의 자녀들', '하나님의 백성', '하나님의 종' 등 각종 계급으로 나누는 것이라고 생각했다. 또 자신이 자주 꿈을 꾸는데 꿈속에서 자신이 '하나님'으로 변하고 또 자신이 '하나님'을 대표하여 '하나님'의 뜻을 선포했다고 했다….

조유산은 양향빈의 하소연을 들으면서 한편으로 그가 지금 마음속으로 꾸미고 있는 교파 개량 계획을 생각하고, 한편으로 눈앞의 가냘프고 애절하게 사람을 감동 시키는 이 여자를 관찰했다. 그녀는 눈가와 눈썹 끝부분에 눈물이 가득 고여 있는 것이 사람들로 하여금 동정하여 도와주지 않을 수 없게 하였고, 얼굴 라인이 뚜렷하고 비록 얼굴이 조금 창백하고 머리는 좀 푸석푸석 했지만 피부가 하얗고 생김새가 좀 예쁘며 매력적인 자태가 있었는데 미간이 잔뜩 찌푸려져 있고 입가는 말함에 따라 리드미컬하게 실룩거리고 비할 수 없는 애원을 드러냈지만 고집스러운 점은 의연히 없지 않았다….

조유산은 보고 듣고 생각하다가 문득 가슴 속에 희열을 느꼈다. 그는 양향빈이란 이 인물의 거대한 잠재력과 초월적인 가치를 예감했다. 거의 이와 동시에 다른 사람에게 알아서는 안될 그의 다른 사념 사욕도 알게 모르게 자라고 있었다. 무의식적으로 그의 입가에는 웃음이 스쳐지나갔다. 당연히 그 모습을 그 당시 세상 물정을 잘 모르는 양향빈은 알아차리지 못했다. 오히려 그는 자신이 이번에 철저하게 구원을 받을 수 있을거라고 생각했다.

따퉁시는 역사 문화적으로 명성이 있는 도시이다. 예전에 북위 왕조의 도읍였고 유명한 문화고적으로 운강석굴(云冈石窟), 화엄사(华严寺), 선화사(善化寺), 현공사(悬空寺) 등이 있다. 여기에서 보다시피 이곳은 역사적으로 불교 사상의 영향을 많이 받았다.

조유산과 양향빈은 싼씨성 따퉁시에서 한동안 같이 지냈다. 그들 둘은 같이 성경을 읽고 연구하는 외에 여러번 같이 길 거리를 산보하고 윈중(云中)(따퉁의 옛날 이름)을 거닐거나 또는 공원을 유람하고 코스모스(따퉁시의 시화) 사이를 오고 갔으며 헝산(恒山)을 등산하고 고적을 유람하기도 하였다.

사실 사회학적인 각도에서 보면 양향빈과 조유산에 대해 이해와 동정이 갈 수도 있었다. 비록 그들 두 사람은 이단 교리로 인해 악연을 맺게 되었지만 어디까지나 신적인 존재가 아니라 사람인 것이다. 사람이면 인간의 감정과 욕망이 있고 소위 말하는 '인생가치'에 대한 추구가 있기 마련이다.

그런데 양향빈 앞에 놓인 것은 하나의 인생 기로이다. 양향빈은 어쩌면 진짜로 끊임없이 운명에 놀림을 받는 여자이다. 그가 정신이 분열되고 내심으로 의지할 곳이 없을 때 '호함파' 교회가 그의 생활속에 나타났고, 목마른 심령이 조금 위안을 받았을 때 성경에 대한 다른 이해로 기타 신도들의 포위 공격을 당하고, 그가 다시 정신적 위기에 빠져 정신적 도사의 인도가 필요 할 때 하필 궁지에 빠지고 사악, 사심, 탐욕으로 가득찬 이단 교주 조유산을 만나게 되었다.

토양은 황폐된 시간이 오랠수록 더 비옥하고 씨앗을 더 갈망한다. 그래서 우량한 종자던 악묘(惡苗)던 모두 수용하는 것이다.
인간의 메마르고 생기가 없고 무력한 마음은 마치 오랫동안 황폐된 비옥한 토양 같아서 사악한 사상의 씨앗을 만나기만 하면 바로 주저하지 않고 넓은 흉금을 열고 포근한 가슴을 드러내어 수용지덕을 주동적으로 표현한다. 심지어 목숨 걸고 이 씨앗에 영합하고 그를 도와 뿌리 내리고 신속히 발아하고, 땅위로 뚫고 나오고, 자라고, 꽃피고, 열매를 맺게 한다…
어쩌면 단지 시간과 공간의 기다림인 것이다.

제 4 절
음모적인 간증

조유산이 따퉁에서 창왠으로 돌아왔을 때 사람들은 그의 곁에 있는 젊고 예쁜 신비로운 여자를 발견했다. 사람들의 의논이 분분하고 여러가지 추측을 하고 있을 때 조유산의 '이단 교파 개량 계획'은 이미 조용하게 시작되었다. 그것은 바로 조유산이 양향빈을 '여 그리스도', '전능하신 여 하나님'으로 간증하여 그를 '괴뢰 교주'로 만들고 또 자기 스스로 이전의 '교주' 신분을 벗어 버리고 뒤로 물러나 배후에서 조종하는 것이었다.

하나의 기괴한 음모가 드라마틱하게 시작되었다! 이는 단지 서막에 불과했고 천천히 막을 올리고 있었다. 조유산은 전후로 심혈을 기울이고 세심하게 계획하여 대략 3개의 절차로 나누어 '여 하나님'을 조작하고 포장하는 계획을 완성했다.

첫번째, 조유산 일행은 여론과 분위기를 크게 조성했다. 1992년 하반기부터 조유산 일행은 창왠을 기점으로 허난(河南), 씬썅(新乡), 펑츄(封丘), 카이펑(开封), 안양(安阳), 루산(鲁山), 떵펑(登封), 푸양(濮阳) 등 곳의 가정 교회 모임 장소에서 성경을 강해하는 기회를 빌어 성세와 여론을 만들어 제멋대로 '전능하신 하나님'에 대한 교리를 전파하여 최후 '전능하신 하나님' 교리의 수립을 완성하기 위해 여론과 분위기를 크게 조성했다. 그들은 성경에 기재된 요한이 예수님께서 오심을 전파하고 준비했던 사실을 이용하여 '능력주'의 사명은 끝나고 '능력주'의 시대가 곧 끝난다고 떠들었다. 그리고 성경 계1:8에 기록한 "이제도 있고, 전에도 있었고, 장차 올 자요. 전능한 자라 하시더라"라는 성경 구절을 이용하여 '장차 올 전능자'가 곧 나타나게 될 '전능하신 하나님'이고 '전능하신 하나님'은 곧 '예수님이 육신이 되어 두번째로 나타나신 것이다'고 했다.

동시에 조유산은 탁홍근, 천광근, 왕청애 그리고 각 가정교회 모임 장소의 집사들에게 전능하신 하나님의 사역은 중복되지 않고 지난번에 '말씀이 육신이 됨'(道成肉身)은 허이룽쨩에서 남성이였지만, 이번의 '말씀이 육신이 됨'은 허난에서 거는 남성이 아니고 여성인데 그는 바로 '여 그리스도'이고 "여 하나님"이라고 공표했다. 이와 같이 조유산은 성경 창세기1:27과 예레미야서31:22절을 이용하여 왜곡되게 해석함으로서 자기의 교리를 조작해냈다. 이와 같이 단장취의(문장의 일부를 끊어서 작자의 본의에 구애하지 않고 제멋대로 끊어내어 빌려쓰는 일)로 성경을 억지로 해석하고 자신의 교리를 조작하여 '여 하나님'이 강림하는 신비감을 더함으로써 진실을 모르는 교회 신도들의 믿음을 사취하려 했다.

사실 조유산 일행이 여론을 만드는 수법은 앞에서 설명한 허이룽쨩성에서 창설한 융왠 교회의 상황과 완전히 일치했다. 이런 수법 자체가 바로 이단 교리의 전파와 창설이다. 여기서 알 수 있다시피 조유산 일행의 교파 선교는 본질적으로 일종의 체계적이고 조직적인 음모 사기 활동이다.

두번째, 조유산은 자처로 '교주'직을 내려놓고 '제사장'직을 담임했다. 조유산은 허이룽쨩 융왠 교회의 '능력주'와 '실제신'의 교주 신분을 아쉽지만 스스로 낮추어 내려놓고 자신은 하나의 '대 제사장'이고 '여 하나님'의 '전권대표'(全权代表)이며 신도와 '여 하나님'사이의 '중보'라고 공표했다. 1992년, 년말쯤에 조유산은 창왠현 천챵촌(长垣县陈墙村)의 천광근의 집에서 한차례의 창왠현 가정 교회 집사회를 소집했다. 모인 인원은 수십명이 되었고 대부분 창왠현 각 향진의 가정 교회의 책임자들이였다. 대회에서 조유산은 '교주'의 신분을 스스로 내려놓고 그들에게 이후부터 자기를 '능력주'와 '실제신'으로 칭하지 말라고 지시했다. 왜냐하면 '여 하나님'이 이미 인간 세상에 나타났고, 자기에게 '전권'(全权)이라는 새로운 이름을 하사하였으며, 그에게 '대제사장'의 일을 책임지게 하고, '여 하나님'을 '전권 대표하여' 모든 일을 지시하게 했기 때문이라고 했다. 그리고 또 이후부터 '전권'이 바로 '여 하나님'이 선택한 천로역정의 폿대이고 많은 신도와 '여 하나님' 사이의 유일한 중보라고 했다. 하지만 그 당시 '여 하나님'이 도대체 누구인지에 대해 조유산은 거짓으로 아직 '여 하나님'의 육신을 간증하는 최후의 시기가 아니라고 거짓말을 했다.

동시에 행동에 밀접히 협조하기 위해 조유산은 그 동안 허이룽쨩에서 편집하여 출판한 《말씀은 육신속에서 나타난다》란 서적과 또 새로 편집한 《심판은 하나님 집에서부터 시작된다》, 《동방에서 나타난 번개》 등 서적을 대량 인쇄하여 신도들의 필수 수업 교재로 했으며 가정 교회 모임 장소에서 신도들에게 1인당 1권씩 나누어 주었다. 그리고 그들에게 모임 때에 열심히 열독하고 또 열독 표식, 또는 열독 기록을 요구했다. 이런 수법의 유일한 목적은 신도들을 세뇌하고 그들이 완전히 그의 교리를 받아들이고 그의 교파 사상을 받아들이게 하기 위한 것이였다.

세번째, '여 하나님'을 간증하고 그에게 부복하게 하기 위하여 그녀를 포장했다. 조유산은 양향빈을 세상에 나타난 육신 '여 그리스도'로 조작하고 '전지전능하신 여 하나님'으로 조작하려 했다.

1993년부터 조유산은 창왠현 탁홍근네 집, 만춘향 천광근네 집, 그리고 기타 일부 가정 교회 고임 장소에서 연속적으로 모임에 참가한 신도들에게 '전지전능하신 여 하나님'을 간증했다. '여 하나님'을 간증하는 방식은 다양했다. 그중에 양향빈이 나서서 그들에게 설교하고 '여 하나님'의 위신을 세우는 방식이 있고, 또 양향빈이 나타나지 않는 방식, 즉 '대제사장' 조유산이 나타나 율법을 읽고 설교하고 교파의 교리 사상을 선전하는 방식도 있었다.

매번 양향빈은 간증하려고 나설 때마다 항상 정성들여 화장하였다. 검은색 머리는 일부러 옅은 붉은 색, 또는 노란색으로 염색하고, 파상형 스타일로 파마를 하고, 볼 연지를 칠하고, 립스틱을 바르고, 귀걸이, 목걸이, 등으로 가득 장식하고, 칼라 웃옷과 옅은 바지를 입었는데 그의 몸에서 풍기는 향기가 코를 찔렀다……. 그리고 시작부터 조유산의 성대한 추천과 소개 속에서 신도들 앞에 나타났다.

여기서 설명이 필요한 건 조유산이 처음 허난에서 '여 하나님'을 간증하고 자체의 교리를 전파할 때에 참가한 사람들은 ㅎ이룽쟝의 상황과 비슷한데 대부분 농민, 노인과 일자리를 잃은 노동자들이었다. 이 사람들은 나이가 비교적 많고 문화 수준도 높지 않았고 대부분 비교적 빈곤했다. 이는 '전능하신 하나님교'의 후기 발전상황과 많이 다르다. 그 속 사정에 대해 뒷 부분에서 언급하겠다.

조유산이 항상 떠들어대며 선전함과 동시에 갑자기 그렇게 정성들인 차림을 한 나이가 스무살 남짓한 젊은 여성을 보자 모두가 별안간 눈 앞이 환해지는 것 같았고 그녀가 성경을 설교하는 것을 들을 때 귀에 윤음

(轮音)이 들리는것 같았다. 양향빈은 입을 살짝 벌리고 작은 소리로 '하나님 본체의 교리'를 설명하기 시작했다.

그가 제기한 '하나님의 본체'는 총 8명인데, 그들은 각각 '전권'(全权), '전지'(全智), '전영'(全荣), '전성'(全诚)", '전비'(全备), '전승'(全胜), '전존'(全尊), '전귀'(全贵)라고 했다. 현재 이미 간증된 본체는 오직 '전권', '전성', '전영', '전비' 네 사람이고 그중 '전권'은 남성이고 기타 세명은 여성이라고 했다. 그리고 남은 네명의 '하나님 본체'는 바로 광범한 신도들 사이에 있고 오래지 않은 미래에 잇달아 간증될 거라고 했다.

동시에 양향빈은 '오직 하나님만이 유일한 진짜 하나님이시다' 라고 강조하면서, 그러기 때문에 신도들은 기도를 할때 유일한 대상을 '유일한 진짜 하나님'으로 확정해야 하는데 그 사람이 바로 '전성'이며, '전성'이 바로 세상에 나타난 '여 그리스도'의 '영적 이름'(灵名)이라고 했다. 오직 '전성'만이 '진짜 하나님'이고 나머지 사람 '전권', '전영', '전비'는 모두 사람이다. 그중 '전권'은 '전능하신 유일한 진짜 하나님'의 '치리'를 받았고, '하나님'의 여러가지 시련과 간증을 거쳐 최종적으로 '하나님'의 인정을 받았다. 그래서 '하나님'이 '전권'을 '대제사장'자리에 올려놓았다. 반면에 '전영'과 '전비'는 아직 '하나님'의 '치리'를 못 받았기에 아직 제사장이 되지 못했다.

이어서 양향빈은 또 이렇게 선포했다: "지금 '능력주' 시대가 이미 끝났기에 이제부터는 '하나님 본체'로 바꾸어 믿어야 한다. 그리하여 오늘 '능력주'를 정식으로 '전능하신 하나님'으로 개명한다. 신도들은 바로 '전능하신 하나님'의 백성이고 모두 '하나님 본체'로 간증 될 기회가 있다."

조유산, 양향빈 일행은 이런 방식을 통해 전후로 '전능하신 하나님' 교리와 '하나님 본체'의 교리를 조작하고 점차적으로 '전능하신 하나님'의 기본 교리 체계를 완벽하게 세워나갔다.

이 '하나님 본체'를 간증하는 수단으로 양향빈의 '전능하신 하나님'의 위치를 확립한 것은 '전능하신 하나님교'의 조직 기구와 교파에 대한 신앙이 정식적으로 확립 되었음을 설명하며, 이로써 '전능하신 하나님교'의 정식적인 창립을 보여주는 것이라고 말할 수 있다. 동시에 조유산은 '여 하나님'을 통해 '대제사장'으로 간증된 것은 그가 유일하게 '성령에게 사용되는 사람'이라는 것이 설명되고 이로써 그가 바로 '전능하신 하나님교' 조직의 실제 통치자임을 들어낼 수 있었다.

제 5 절
원래는 애인이였다

위의 문장에서 묘사한 양향빈이 싼씨 따퉁에서 조유산과 우연히 만나고 그에게 마음속의 말을 꺼낸 것은 양향빈의 감정 생활의 또 한번의 전환이였던 것 같았다. 이 부분은 오래 지나지 않아 사실로 증명되었다.

양향빈은 조유산을 만나기 전에는 연애 경험이 있었는지 알 수가 없지만 그녀는 조유산을 만난 후 재빨리 사랑의 도가니어 빠졌던 것 같았다. 분명한 것은 양향빈은 조유산의 결혼 경력에 대해 어느 정도 알고 있었고 특히 그가 결혼을 했던 사람임을 무조건 알고 있었다는 것이다. 이 부분에 대해 조유산도 그녀에게 숨기지 않았고 또한 그것은 숨길 수 없는 것이고 그럴 필요도 없었다.

조유산은 양향빈과 따퉁에서 만난 후 마음 속에 그를 이용하여 교파의 개량을 완성하는 '웅대한 대업'외에 양향빈에게 일종의 이상한 감정이 생겼고 그녀와 함께 있기를 갈망했고 그와 친구가 되기를 갈망했다.

이때의 조유산은 허이룽쨩에서 도망을 온 몸이다 보니 뜨거운 가마위에 개미마냥 안절부절 못하며 하루종일 긴장해 있었다. 지금 비록 창왠에서 잠시 발을 붙였지만 아직 안정된 거주지가 없었기에 그는 마음속으로 무조건 심각한 열등감을 가지고 있었고 거기다 또 엄중한 성격 결함이 있는 사람이기 때문에 그는 자신이 자신보다 스무살이상 어린 예쁜 여자를 아내로 삼을 거라고 상상도 못했고 또 양향빈이 그에게 시집 오기를 원하고 진심으로 그의 애인이 되기를 바랄줄은 더욱 상상을 못했다. 물론 그들의 처지로 볼 때 다른 가능성도 존재한다. 당시 조유산의 그런 이단 사상이 가득한 마음속에는 결혼에 대한 계획이 없었고 단지 그의 정욕을 만족시키고 그의 동물적 욕구를 채우기 위한 것일 수도 있었다.

반면 그 시각 조유산에게 속아 그를 따라 종교를 믿었던 초혼 부부인 부운지 여사는 허이룽쨩의 구치소에 구금되어 노동 교양과 사상 개조를 받고 있었다. 부운지 여사는 노동교양을 3년하고 1994년에 석방됐다. 남편 조유산이 도망 중에 있어 계속 돌아오지 않았고 아이는 8년전 가스 중독으로 죽었다. 지금 그녀는 혼자 외롭게 그들이 분가해 살던 집에 돌아와 천천히 인생의 고통을 맛보고 있었다.

사실 그 집은 그냥 건물일 뿐이지 더 이상 집이 아니였다.

부운지 여사는 자신의 불행한 처지와 마음 속의 고초를 하소연하면서 눈에서 눈물이 가득차 흘러내리는 것을 금할 수가 없었다.

기자: 부운지 여사는 현재 상황이 어떤가요?

부운지: 안 좋아요! 제가 지금 석방되었잖아요, 하지만 있을 곳이 없어요. 어찌 그 집에 더 살 수 있겠어요? 그래서 어머니 집에 갔어요. 저는 몸도 안 좋아요.

기자: 현재 주요 수입원은 뭐에요?

부운지: 수입원이 없어요. 한 푼도 없어요. 지금 제가 뇌경색이 걸렸는데 치료할 돈도 없어요

기자: 그럼 어떻게 하실 계획이예요?

부운지: 그때 당시 저희 집이 종교('능력주교'를 가리킴)를 믿어 지금 이렇게 되었어요. 조유산의 문제가 발생한 후에 저는 생활을 위해서 밥 먹을 곳이 있어야 되고, 잠 잘 곳이 있어야 되기에 지금의 남편과 살게 되었어요. 저는 진짜 방법이 없었어요. 제가 이혼한 것도 어쩔 수 없었어요. 저는 정말 앞길이 막막했어요. 누가 잘 살고 싶지 않겠어요! 모두 가 다 종교('능력주교'를 가리킴)를 믿었기 때문에 가족이 뿔뿔이 흩어지게 된 거예요. 누가 이렇게 살고 싶겠어요! 누구 집에 부모가 없겠어요! 누구 집

에 아이가 없겠어요!

부운지 여사는 가슴 아픈 내용을 말하는데 아주 격분되어 보였다. 오른손으로 왼쪽팔을 계속 비비면서 표현하려 하는 핵심은 바로 그의 현재의 생활 처지가 깊은 고통 속에 빠져있다는 것을 강조하는 것이었다.

그렇다! 가정 저축이 없고 직업 수입도 없고 남편도 옆에 없다. 그 생활의 고달픔과 처참함은 가히 상상할 수 있었다!

대략 1995년 쯤에 현지 정부에서 부운지 여사에게 조유산과의 이혼 수속을 해주었다. 그리하여 그는 재가를 할 수 있었고 자신의 생활에 안식처를 찾게 되었다. 부운지가 이혼을 하게 된것은 생활의 핍박 때문이고 조유산이 그녀를 버렸기 때문이고 그녀의 생사를 고려하지 않았기 때문이며 그녀의 정을 고려하지 않았기 때문임이 분명하다.

부운지 여사가 허이룽쨩에서 고난을 겪고 있는 시기와 거의 동시에 조유산은 자기 보다 스무살 넘게 어린 양향빈에게 알랑거리면서 조심스럽게 감정을 키우고 연애를 하고 사랑에 빠져 있었다. 이것은 부운지가 절대 상상 못한 일이였다. 비록 부운지는 조유산을 기다리다 못해 힘들고 어려워 어쩔 수 없이 이혼을 했지만 부운지는 마음 한 구석에 늘 자기가 조유산이 돌아오기를 죽을 때까지 기다리지 못한 것에 대한 미안한 생각이 있었다. 조유산이 만약 이 책을 여기까지 읽는다면 감동을 하고 후회의 눈물을 흘릴 수 있을까?

창왠에 있는 조유산의 신도 중에 왕청애(王青爱)라고 부르는 여 신도가 있었다. 그는 다른 한 충실한 신도인 천광근과 한 고향 사람이고 또한 부부였으며 만춘향 천창촌(满村乡陈墙村)에 살고 있었다. 기자가 그녀를 방문했을 때 그녀는 당시 조유산이 종교를 믿고 종교를 전파하던 상황에 대해 많은 얘기를 했다. 이건 더 말할 나위 없이 중대한 역사적인 가치가 있는 자료이다. 이 부분에 대해 다음 절에서 중점적으로 설명하겠다. 왕청애의 이야기속에서 묘진하(苗振霞)라는 여사를 언급했는데 그녀는 전에 조유산과 양향빈이 함께 낳은 아이의 보모였다. 이것은 우리의 거대한 흥미를 불러 일으켰다.

묘진하 역시 '전능하신 하나님교'의 충실한 신도였고 영적 이름은 '소동'(小童)이였다. 1973년 중학교를 졸업하고 고중에 붙지 못했으며 집에서 한가하게 놀고 있었다. 그녀는 오빠 둘이 있었는데 큰 오빠는 장사를 하고 둘째 오빠는 농사를 지었다. 모두 결혼하고 분가하여 살고 있었다. 묘진하는 집에서 할 일이 없기에 어머니가 이끄는대로 당시 마을의 가정교회에 참가하여 집사의 설교를 주의깊게 들었다. 그때 당시 조유산 일행은 아직 창왠에 와서 그들의 '전능하신 하나님교'를 전파하지 않았었다.

그후 묘진하는 어머니가 '전능하신 하나님교'를 믿는 영향을 받아 무의식 중에 '전능하신 하나님교'에 가입하게 되었다.

이런 사례는 그 당시 전형적이였는데 아주 연구가치가 있다. 가족 중에 어르신이 '하나님'을 믿고 하나의 '주'만 인정하기 때문에 기타 다른 신앙이 있을 수가 없다. 이렇게 되면 가정 문화는 비교적 단일하고 선진적인 가풍을 키우는데도 불리하였다. 동시에 어린이들은 어릴때부터 귀로 듣고 눈으로 보았기 때문에 점차적으로 '하나님'을 접촉하고 '하나님'

을 믿게 되며 심지어 전체 가족이 모두 '하나님'을 믿는 경우도 있었다. 이렇게 '하나님'을 전파하고 '하나님'을 믿는 사람들은 대부분 모두 믿음이 확고했다. 그들의 사고 논리 속에는 추리영역 과정이 존재한다. 즉 우리 집에 누구 누구가 하나님을 믿기 때문에 나도 믿는다는 그런 추리영역 과정이 존재하는 것이다. 이런 현상 즉 가족 중의 어르신이 하나님을 믿거나 또는 가족 성원 중 누군가가 '하나님'을 믿으니까 기타 가족 성원이 따라서 '하나님'을 믿는것은 이미 하나의 패턴을 형성하였다.

더 중요한 것은 묘진하가 전에 조유산과 양향빈에게서 낳은 아이의 보모를 했었다는 것이다. 이는 사람들로 하여금 많은 의문점이 생기게 했다.

첫번째 문제는, 조유산과 양향빈은 도대체 언제 감정면에서 선을 넘고 정식으로 연애하고 동거를 시작했는가?

두번째 문제는, 그들 두 사람의 이른바 사랑, 결혼 생활과 '여 그리스도'를 간증하는 것 사이에는 무슨 관계가 있는가? 이것은 그래 상호 모순이 생기지 않았단 말인가?

세번째 문제는, 조유산과 양향빈이 결혼식을 거행했는가? 그의 먼곳 허이룽쨩에 있는 초혼 부부 부운지 여사는 이 소식을 알고 있는가? 앞에서 부운지 여사가 이혼 수속을 밟았다고 했는데 이 사건과 연관이 되는가?

네번째 문제는, 그 두 사람이 부부관계인 것을 당시에 공개를 했는가? 신도들이 이런 소식을 듣고 어떻게 생각했는가? 등등 이러한 의문들이 아직도 적지 않다.

왕청애의 회상에 따르면 나(왕청애를 가리킨다)와 묘진하는 함께 그 모임에 참가했었다(1993년 허난성 떵펑촌(河南省登封村) 동굴에서 양향빈이 '여 그리스도'임을 간증한 것을 가리키는데, 뒤 장에서 설명하겠다.). 묘진하는 영적 이름이 '소동'(小童)이고 1990년 어머니를 따라 종교를 믿게 되었는데 그 후에 '능력주'를 믿게 되었으며 나중에 '전능하신 하나님'으로 바꾸어 믿게 되었다. 그때 우리는 아직 '전권'과 '전성'의 관계를 몰랐었다. 그후 묘진하가 그들의 아이 조명(大明)의 보모 일을 하여서야 사람들은 그들이 이미 결혼하고 아이가 있었다는 것을 알게 되었다.

왕청애의 이야기 내용을 반복적으로 다시 되새겨보면 조유산은 다양한 수법으로 양향빈이 '여 그리스도'와 '유일한 참 하나님'임을 간증하고, 양향빈이 역으로 조유산을 '대제사장'과 '전권대표'로 선포할 때에 두 사람은 이미 애인 관계로 발전했고 이미 다정하게 운우지정을 나누었음을 알 수 있었다. 그러나 그들은 사람들에게 공개하지 않았었다. 다시 말하면 그들은 남에게 말할 수 없는 추악상을 감추고 '서로 간증'하고 '서로 대표'하고 있었던 것이다. 이는 정말 너무 우스꽝스러운 일이다! 그야말로 흉악한 야심을 천하에 알리는 것이라 할 수 있다!

묻겠는데 고금부터 은모술수를 부린자와 사람을 속이는데 능숙한 사람 중에 이보다 더한 자가 있었는가!
후! 가엾은 조유산의 신도들이여! 당신들 모두가 진짜 속았어!

제 6 절
아이를 낳다

조유산과 양향빈이 낳은 아이는 남자 아이인데 이름은 조명(赵明)이고 아명은 '새벽별'(晨星)이며 1995년7월7일에 태여났다. 묘진하는1995년 부터 시작하여 2001년 조명이 허천보(许天宝)라는 가명으로 출국 할 때까지의 6년이라는 긴 시간동안 조명의 보모 일을 하였다. 조명은 묘진하를 고모라 불렀고 묘진는 조명을 새벽별이라고 불렀다.

묘진하는 조명에 대한 감정이 무척 깊었고 줄곧 잊지 않고 있었다. 묘진하가 이 6년 동안의 사적을 서술할 때, 마치 하나의 이야기를 들려주는 듯 하여 좌중의 사람들은 모두 조용히 듣고 있었다.

기자: 묘진하 여사는 하나님을 믿은지 몇 년 되였나요?
묘진하: 1990년 저는 중학교를 졸업하고 그냥 집에 붙어 있었어요. 무슨 하는 일이 없었고 후에 어머니를 따라가서 다른 사람이 설교를 하는 것을 듣고 하나님을 믿었어요.
기자: 보모를 하게 된 것은 언제였어요?

묘진하: 1995년이였어요. 제가 아이를 보았을 때 아직 몸을 뒤척이지 못하고 머리도 들지 못하였어요. 서너달 크기에 불과 했었어요.

기자: 그럼 당시 아이가 아직 수유기인데 어머니와 함께 있지 않았나요?

묘진하: 그의 어머니는 아이와 함께 있지 않았고 아이는 분유를 먹었어요. 그의 어머니는 자즈 돌아오지 않았고 며칠에 한번씩 왔다가 하루 이틀 집에 머물고는 다시 가곤 했어요.

기자: 아이의 아빠는 엄마와 함께 자주 돌아오나요? 그들의 감정은 어떠했나요?

묘진하: 그들은 항상 같이 돌아오고 감정도 매우 좋았으며 그들이 말다툼하는 것을 거의 본즉이 없어요. 때로는 돌아와서 아이와 함께 놀기도 하고 장난감 같은 것도 사왔어요.

기자: 아이의 아빠 엄마가 돌아온 후 그들은 집에서 '하나님'을 믿는 행사 같은 것을 거행했나요? 그들은 책을 쓰나요? 그들이 가장 읽고 싶어하는 책은 어떤 것인가요?

묘진하: 때로는 몇 사람을 데려고 오는데 아마 예닐곱 될거예요. 그들은 안방에서 말하고 저희들은 안방으로 들어가지 않았어요. 얘기가 끝나면 모두 떠났어요. 그들은 별로 책을 보지 않았고 한번도 책을 쓰지 않았어요.

기자: 아이의 엄마는 생활에서 무슨 취미를 가지고 있나요? 예를 들어 음식은 무슨 음식을 즐겨 먹고, 옷은 무슨 색 옷을 즐겨 입나요? 화장은 즐겨하는가요?

묘진하: 아이의 엄마는 몸이 좋지 않아 죽을 즐겨 먹고 육식을 좋아하

지 않았어요. 옷 입는 것은 일반적이고 우리와 마찬가지로 별다른 것이 없었어요. 화장도 가끔씩 하고 머리도 파마를 하지만 항상 그러는 것은 아니였어요.

기자: 그들이 남긴 사진은 없나요? 예를 들면 그들 둘의 결혼 때 사진 같은 것 말입니다.

묘진하: 사진이 없어요. 사진을 찍지 않았어요. 그들 둘의 결혼 사진이 있다고 들은 적이 없어요.

기자: 그 아이는 돌보기가 쉬웠는가요? 그들은 당신에게 품삯을 주었나요?

묘진하: 아이가 귀엽고 돌보기가 쉬웠어요. 때로는 병이 나서 주사를 맞고 약 먹으면 얼마되지 않아 좋아졌어요. 하나님을 믿는 사람은 헌신해야 되기에 저는 품삯을 원하지 않았어요.

기자: 그러면 그들이 용돈을 안 주었나요?

묘진하: 분유을 사고, 쌀을 사고, 밀 가루를 살 돈은 주었어요. 용돈은 안 주었어요. 어차피 우리는 용돈이 필요가 없었거든요. 저와 함께 아이를 돌 보는 다른 한 사람은 화평(和平)이라 하는데 아이의 이모였어요.

기자: 아이의 다른 친척들이 그를 보러 온 적이 있었나요?

묘진하: 있었어요. 화등이 바로 아이 엄마의 언니예요. 그리고 화평의 남동생도 온 적이 있어요. 아이의 외 할머니도 온 적이 있어요.

기자: 왜 이 아이의 보모를 하려 했나요? 당시 그가 누군지 알았나요?

묘진하: 어떤 자매를 통해 소개 받았어요. 당시 누구의 아이인지 모르고 있었죠. 처음에는 이해하지 못하다가 나중에 깨달았어요. 바로 '하나님도 사람이 변한 것이기 때문에 사람처럼 아이를 낳을수 있다'는 것 말이예요. 이렇게 깨닫고 보니 오히려 '하나님'이 더 친절하게 느껴졌고 우리와 더 가까워 졌다고 느꼈어요.

기자: 지금 당신은 그 아이 생각을 하나요?

묘진하: 생각하지 않을 수 있나요? 처음엔 그를 무척 생각했었어요. 나중에 제가 가정을 이루고 아이를 낳으니 점점 생각이 멀어졌어요.

기자: 어느 해에 가정을 이루었나요? 지금 생활은 어떠한지요?

묘진하: 2009년에 결혼하여 지금 겨우 다섯살 되는 계집애가 하나 있어요. 저의 남편은 공사장에서 일하다 사고로 세상을 떠났어요.

묘진하의 서술을 듣고 우리 일행 몇 사람은 오랫동안 말을 잇지 못했다. 묘진하도 불행한 여자지만 그녀의 완강함은 우리로 하여금 자기도 모르게 이상한 감정이 솟구쳐 오르게 했다.

기자: 당신은 지금도 그들의 '전능하신 하나님'을 믿나요?

묘진하: 안 믿어요. 행사에도 참가하지 않아요. 나가서 돈을 벌어 아이를 키워야 해요.

기자: 애초에 당신이 보모로 있을 때 아이의 엄마가 아이를 보러 집에 오면 당신은 그를 '하나님'으로 믿었나요? '그리스도'로 믿었나요?

묘진하: 그때는 아주 믿었죠. 이 '하나님'은 자신과 가까이 있다고 느꼈고 볼 수 있었기 때문이죠. 그는 다른 사람들이 말한 그 하나님처럼 하늘 위에 멀리 있어 느껴지지 않는 그런 하나님과 같지 않았어요.

기자: 그럼 당신은 그 아이가 '하나님'이 될수 있다고 생각했나요? 다시 말하면, '하나님'이 낳은 아이가 또 '하나님'이 될 수 있는 거 아닌가요?

묘진하: 될 수 없어요. 그 아이는 일반 사람이예요. 어디에 그렇게 많은 '하나님'이 있나요!

묘진하 여사는 조유산과 양향빈 두사람의 가장 평범하고 가장 진실한 생활 세계를 서술하였는데 이것은 우리가 이 두 사람의 생활상의 많은 모호한 점들을 해명하는데 중요한 참고가 되었다. 비록 아직 완전하지 못하지만 지금까지는 가장 상세하고 진실한 기록이었다.

그리고 또 한가지 분명히 지적해야 할 것은 조유산과 양향빈은 남의 이목을 막고, 또 창왠(长垣)에서 '전능하신 하나님 교'의 '웅대한 대업'에 영향을 끼치지 않기 위해서 그들은 아이와 보모 묘진하를 카이펑(开封)

시 철탑 남쪽길 서편에 집 한채를 임대하여 그들이 거주하게 하였다. 나중에 자기들의 안전을 위하여 진상이 간파되는 것이 두려워서 여러 지방으로 옮겼다.

    2001년 상반기에 오하(吴霞)라 부르는 여 신도가 묘진하와 조명을 데리고 꽝쩌우(广州)로 가서 조명의 출국 관련 수속을 밟았는데 결국 여러가지 원인으로 성공하지 못했다. 오하 일행은 다시 카이펑으로 돌아갈 수 밖에 없었다.

    2001년 12월이 되자 오하는 또 묘진하와 조명을 데리고 꽝쩌우로 가서 미국에서 돌아온 '전능하신 하나님 교회'의 한 신도와 접선했다. 여러가지 원인으로 이 사람의 이름은 지금까지 확실하게 조사하지 못했다. 이 사람은 조명을 허천보(许天宝)라는 가명으로 꽝쩌우에서 미국으로 데려갔다.

제7장
선교를 조직하다

제 1 절
동역자 회의를 소집하다

조유산 일행이 허난 창왠의 가정 교회 모임 장소에서 작은 범위로 양향빈이 '여 그리스도'라는 것을 간증한 후에 조유산은 자기가 창설한 '전능하신 하나님 교'의 발전이 비교적 원활하고 사람들의 믿음 정도와 범위도 그의 예측을 훨씬 초월하였으며 그가 창왠에 금방 도착하여 '능력주교'를 전파할 때의 난처했던 국면도 크게 돌려세웠다고 느꼈다. 하지만 이것만으로 그의 욕구를 만족시킬 수 없었다. 그리하여 그는 계속 그의 선교 사업을 성장 발전시키고 장대해지게 하려고 더 큰 범위에서의 발전을 모색하려 하였다.

그리하여 조유산은 '전능하신 하나님교'를 널리 전파하고 그 영향력을 넓히려면 반드시 창왠을 나가서 전성적인 동역자 회의를 소집하고, 더 나아가서 전국적인 동역자 회의를 소집해야 한다고 생각했다. 이렇게 하면 첫째로는, '전능하신 하나님교'의 교리를 전국에 알리게 되고, 두번째로는, 전국에 '전능하신 하나님, 여 그리스도'양향빈을 간증할 수 있는 것이다.

조유산은 그의 '전능하신 하나님의교'의 영향이 허난성 전체에 미치게 하기 위하여 카이펑(开封), 뤄양(洛阳), 씬샹(新乡), 난양(南阳), 쩡저우(郑州) 등 여러 지역에서 동역자 회의를 잇달아 소집하여 '전능하신 여 하나님'을 간증하였다. 일순간, '전능하신 하나님교'가 허난성에서의 발전 기세가 갈수록 커졌다.

1993년 부터 1996년까지 조유산은 허난성 창완현에서 여러 차례 동역자 회의를 소집 하였는데 그중에 어떤 것은 전국성격인 동역자 회의도 있었는데 떵펑의 동굴 동역자 회의와 창왠의 동역자 회의가 비교적 전형적이었다. 이런 동역자 회의는 양향빈이 '여 하나님'임을 간증하거나 혹은 어떻게 하면 '전능하신 하나님교'가 전국 각지에로 발전하여 대 규모적으로 선교하겠는가? 하는 것을 논의하였다.

제 2 절
동굴

본 책의 위에서 전에 조유산과 양향빈 일행이 허난 떵펑 동굴에서 동역자 회의를 소집했었다고 서술한 적이 있다. 그것은 '전능하신 하나님교'가 소집한 첫번째 전국적인 동역자 회의였다.

떵펑시는 허난성의 문화 옛성이고 중서부에 위치해 있으며 경내에는 중국의 오악 중 하나인 숭산(嵩山)이 있고 유명한 고적으로는 소림사(少林寺)가 있다.

이번 회의는 조유산과 양향빈 그리고 하철신과 기타 장로급의 신도들이 비교적 오랜 시간 주도 면밀하게 준비하고 최후에 떵펑에서 소집하기로 결정한 것이다.

구체적인 위치는 현도시 부근의 한 마을의 가정 초대 동굴에서 소집했다. 농촌의 동굴을 선택한 원인은 그것이 은폐성이 강하여 목표가 노출되기 쉽지 않기 때문이다.

이번 회의의 주제는 첫째로는, 전국의 신도들에게 양향빈이 '전능하신 여하나님'임을 간증하고, 그녀의 '여 교주', '여 그리스도', '여 하나님'의 형상을 견고하게 수립하는 것이였다.

둘째로는, 어떻게 '전능하하신 하나님교'를 전파하고 어떻게 많은 사람들을 끌어들여 교인으로 만들겠는가? 뿐만 아니라 종교를 신앙하지 않는 사람들과 종교를 신앙하는 사람들을 구별하여 부동한 방안을 제정하는 것이였다.

이번 동역자 회의에서 어떻게 양향빈을 '전능하신 하나님', '여 그리스도'로 간증하였는가 하는 상세한 과정을 왕청애의 구술을 통해서 알게 되었다. 본책의 앞 부분에서 잠깐 서술했는데 왕청애는 창왠현의 초기의 '전능하신 하나님교' 신도이고 영적 이름이 '광휘'(光輝)이며 만춘향 천챵촌(满村乡陈墙村)에 살고 있었다. 그리하여 우리는 천방백계로 그녀와 연락을 취해서 내심하게 그녀가 떵펑 동굴의 동역자회에 대한 과정을 얘기하는 것을 들었다.

1993년 초 구체적인 시간은 기억 나지 않아요. 우리는 한 여 신도에게 이끌려 신썅 창왠의 집으로부터 떵펑현 근처의 한 마을 동굴로 가서 하루밤을 지냈어요.

그 다음날 약 이 삼십명의 신도들이 모였어요. 회의에서 조유산은 "하나님은 이미 말씀이 육신으로 되었는데, 그가 바로 '전성'(全诚)이다. 그녀는 곧 빠른 시일내에 간증을 받을 거다"라고 했어요. 그리고 나더러 춤을 추게 했고 배합하는 음악은 한 영곡이었어요.

마지막 날 우리는 '여 하나님' 양향빈을 간증하게 되었어요. 간증은 동굴에서 낮에 진행되었고 신도는 사 오십명이 있었고 춤추는 사람은 이십여명이 있었어요. 그때 당시 모두 한 방안에 있었는데 긴 의자에 한줄 한줄 앉았고 조유산과 '여 하나님' 양향빈은 사람들과 마주 앉아있었어요.

시작할 때 먼저 춤을 추고, 다음에 모임에 참가한 사람들 중에서 설교를 하였는데 중점적으로는 조유산과 '여 하나님' 양향빈이 설교를 했어요. 그들은 대충 "여 하나님만이 진짜 하나님이고, 그 전에 하나님의 본체가 여러명 있었지만 그것은 그냥 과도하는 것이고 하나의 절차이다. 현재는 오직 한명의 하나님만 계시는데, 그분은 바로 그리스도께서 두번째로 말씀이 육신이 되신 여자이며, 그 여자가 바로 양향빈이다"고 말했어요.

그 당시 저는 그들의 간증을 들은 다음 기분이 좋았어요. 왜냐하면 그 당시 저는 그들의 말에 도리가 있었다고 느꼈기 때문이예요.

참! 울다가도 웃을 어리석은 사람들이다.

제 3 절
교리를 구축하다

1993년부터 조유산은 창왠현을 기점으로 떵펑을 비롯한 여러 곳에서 양향빈을 '여 그리스도'로 간증한 후 허난성의 각 지역과 전국 각 지역에서 그의 '전능하신 하나님교'를 전파하고 발전시켰다.

우리가 알다시피 조유산은 이 단계에 첫째, '여 하나님'을 간증하는 방식을 통해서 '전능하신 하나님교'의 신앙 귀속을 확정하였다.

둘째, '대제사장'을 통해서 '성령이 사용하는 사람'으로 간증되어 '전능하신 하나님교'에 대한 자신의 절대적 통제권을 확립하였다.

이어서 조유산 일행은 자기들의 조직과 유관되는 교리를 진일보로 조작했다. 예를 들면 《하나님의 3단계 역사》, 《하나님의 6천년 경영계획》, 《나라 시대》, 《하나님의 말씀을 먹고 마시다》, 《하나님의 말씀을 누리다》, 《하나님의 나라》, 등등이다. 이런 서적들을 통해 점차적으로 그의 교파의 교리를 완벽해지게 했다.

그 책 중에서 그들은 주요하게 양향빈이라는 이 '여 하나님'이 6천년의 각종 역정을 겪은 것을 강조했다. 그 것은 세계 탄생 초기에 자신이 어떻게 인간을 창조하였고, 중세기 때에 자신이 또 어떻게 예수로 성육신되어 세인을 구하기 위해 십자가에 못 박혔고, 현재 나라시기에는 자신이 또 '여그리스도'로 성육신되어 동방에 나타났다는 내용을 기록하고 있다. 마지막으로 양향빈은 "전체 우주의 모든 일은 내가 말해서 안되는 일이 없고, 다 나의 손바닥 안에 장악되지 아니한 것이 없다. 내가 뭐라고 말씀하면 그대로 이루어진다."고 거짓말을 꾸며냈다.

그 후에 이런 교리는 모두 《동방에서 나타난 번개》, 《말씀이 육신에서 나타난다》(증보 수개본), 《하나님의 보좌에서 나오는 소리》 등 책에 수록되었고, 또 이런 서적들은 《구세주가 이미 구름을 타고 다시 돌아왔다》, 《하나님이 전 우주를 향해 말씀하신다.》, 《심판은 하나님의 집에서 부터 시작된다》, 《하나님의 비밀스러운 역사》, 《그 영이 말씀하고 있다》, 《빛 속에서 걷다》, 《하나님께서 말세에 말씀하신다》 등등의 책과 과 함께 세트로 만들어 출판했다. 최종적으로 완벽한 '전능하신 하나님교파'의 기본교리를 구축하는 것이다.

사실 조유산의 이 모든 교리는 다 '호함파'의 교리를 도용하여 자기 의 기본교리로 다시 조작한 것임이 틀림없다.

조유산은 '능력주교' 시기인 1989년부터 1991년까지의 겨우 3년 이란 시간으로 '융왠교파'를 원근에 소문난 교파로 발전시켰고 수천 수만명의 추종자가 있게 하였다.

그 후 하얼삔 현지의 공안 부문에서 '융왠교파'를 금지시키고 조유산

151

일행을 체포하려 할 때에 그들은 요행으로 허이룽쨩에서 허난으로 도망쳤다.

그곳에서 1991년부터 1995년까지의 5년이란 시간을 거쳐 융왠 교회의 겉모습을 바꾸고 다시 포장했다. 그리고 한 걸음 한 걸음씩 조직기구를 기획하고, 창립하고, 진일보로 '전능하신 하나님교'의 기본 교리를 완벽하게 세워나갔다. 뿐만 아니라 전국 동역자 회의를 소집하는 방식과 '전능하신 하나님교'의 서적들을 제멋대로 불법 인쇄하여 전파하는 방식을 통하여 새로운 교회를 창설했을 뿐만 아니라 그 영향을 전국으로, 더 나아가서 해외에까지 미쳤다.

2001년 11월《시대잡지》에서 공표한데 의하면 조유산은 국내에 신도가 이미 30만여명에 달했다고 한다. 그외 일본, 한국, 인도네시아, 말레이시아 등 아시아 나라와 미국, 캐나다 등 유럽 지역에도 적지 않은 신도들이 있다고 한다. '전능하신 하나님교'는 그 발전 속도가 빠르고 유포지역이 넓으며 사람들에 대한 독해가 깊어 정말 세상 사람들이 경악을 금치 못하게 했다.

1995년, 중국공산당 중앙위원회 사무청, 중화인민공화국 국무원 사무청에서 하달한《공안부에서 후한파 등 사교 조직을 수사 금지, 단속할데 관한 상황 및 사업 의견을 전달한 것에 관한 통지》(청자(厅字) 199550)에서 명확하게 '전능하신 하나님교'는 사교(邪教)조직이라고 강조하였다. 그리고 명령을 내려 금지하고 단속하였다. 중국 정부의 이러한 거동은 시기에 적절한 정확한 조치이다.

그리고 추가로 얘기해야 할 것은 조유산이 1995년부터 2000년 사이 선교로 인해 붙잡혀서 노동 개조를 3년 했었다. 그러나 당시 그가 '전능하신 하나님교'의 '대제사장'인 것을 모르고 단지 일반적인 신도인줄로 알았기에 큰 주의를 일으키지 못했었다. 조유산은 노동 개조기간 뉘우치는 태도가 견결하고 표현이 적극적이어서 순리롭게 석방되었다. 그러나 지금 그와 양향빈 일행의 표현으로 볼때 그때 당시 그의 뉘우침은 일종의 사기였고 이른바 적극적인 표현도 전부 위장한 것이었다.

제 4 절
출국하다

조유산은 출옥하자마자 그가 자나깨나 그리워하던 '여 그리스도', '여 하나님'겸 애인인 양향빈과 한자리에 모였다. 바로 그때 조유산은 자기의 사교 조직에서 손을 떼고 포기할 생각이 아예 없고 오히려 더 심하게 선교하려 하였다.

그리하여 그 두사람은 한편으로 갖은 수법을 다해 비밀리에 선교하고 진일보 '전능하신 하나님교'의 성세와 대오를 강대하게 하는 외에 항상 어떻게 하면 출국하여 해외에 지휘본부를 세워 중국 경내의 '전능하신 하나님교'의 신도들과 세계 각 나라의 신도들을 원격 조종할 것인가고 고민했다.

2000년 6월의 어느날, 허난성 공안청에서 장악한 상황에 근거하여 다시 행동을 진행하기로 결정하고 카이펑에서 끝까지 회개하지 않고 여전히 비밀리에 선교하는 조유산과 양향빈 등 일행에 대해 체포를 실시했다. 하지만 매우 아쉬운 것은 공안 경찰들이 포위하고 하나하나 낱낱이 조사를 진행할 때 조유산과 양향빈은 5분전에 정의의 그물에서 또 빠져나갔다.

약 1개월 후, 즉 2000년 7월 14일, 조유산은 허문산(许文山)으로 이름을 바꾸고 (어떤 사람은 조유산이 서유산(徐维山)으로 바꿨다고 한다) 양향빈은 왕옥영(王玉荣)으로 이름을 바꾸고, 이권기(李全纪), 양풍범(杨风帆), 이소방(李小芳), 진효연(陈晓然), 왕려나(王丽娜) 등 다섯명과 동행하여 출국 고찰을 명의로 허난성 외사처에서 함께 일반 공민 여권을 만들었다.

잇따라 2000년9월6일, 조유산 양향빈 등 일행 7명은 UAL890 호 항공편으로 상해 푸뚱 공항에서 출국하여 일본을 경유하여 목적지 미국으로 갔다. 그중 조유산이 소지한 여권번호는 P4514009이고 그의 신분증 번호는 230122511212063이다. 위의 정보는 확인을 받았고 2000년부터 조유산을 중화인민공화국 공안부의 출국 금지 리스트에 올렸지만 그때 조유산은 이미 미국에서 종교 박해의 이유로 정치 피난을 신청했었다.

제 5 절
선교를 조직하다

조유산 일행은 미국으로 도주한 후에도 선교를 멈추지 않았다. 그들은 문자, 사진, 동영상을 포함한 인터넷 선전 방식을 통해 더 큰 규모의 선교 활동을 진행했다.

2003년 하반기까지 조유산 일행은 해외의 원격 조종 지휘와 인터넷으로 감시하고 규제하는 조치를 통해 중국 대륙 전역에서 이미 성공적으로 허이룽쟝 구역(黑龙江区), 료닝구역(辽宁区), 위난 구역(豫南区), 위뻐이 구역(豫北区), 안후이 구역(安徽区), 쨩쑤 구역(江苏区), 허뻐이 구역(河北区), 산뚱 구역(山东区) 등 8개 대 구역을 설립하였고 전국에서 발전한 신도는 2001년의 40만을 훨씬 초과했다.

2004년 상반기 조유산은 또 중국의 각 대 구역으 선교 중심에 조직 발전 속도를 빨리하고 매개 구역에 여섯 갈래의 전도 대오를 성립하고, 매개 소 구역에 두 갈래의 전도 대오를 성립하라고 지시했다.

그리하여 2005년 하반기에 이르러 그들은 또 성공적으로 화난 구역(华南区), 쩌쨩구역(浙江区), 윈꾸이 지역(云贵区) 등 3개 특별 목양 구역를 설립하여 양호(两湖), 양광(两广), 민쩌(闽浙), 윈꾸이(云贵) 등 지역에까지 영향을 미쳤다.

2001년부터 2005년 하반기까지 '전능하신 하나님교'의 신도 총 수량은 기하급수적으로 증가했다. 2002년 '전능하신 하나님교'의 신도들 수량은 2001년에 비해 배가 되었고 수량은 이미 100만 가까이 되었다. 2003년말 '전능하신 하나님교'의 신도는 약140만명, 2004년 신도는 약 180만명, 2005년 하반기에 이르러 '전능하신 하나님교'의 신도 수량은 이미 200만을 돌파했다.

'전능하신 하나님교'의 조직선전기구체계 중에서 조유산 아래에 처하여 있는 최고 핵심 권력 기구는 바로 '감찰팀'인데 총7인으로 구성되었다. 조유산이 '대제사장' 신분으로 감찰팀 성원을 겸하였고, 그의 선교 초기 '능력주'시기의 충성스러운 추종자 하철신을 감찰팀 팀장으로 임명하였다.

그런데 하철신은 그토록 조유산에게 충성했지만 조유산은 이 충실한 신도에게 별로 인자하지 않았다.

조유산이 2000년 미국으로 도주한 후 뉴욕에서 '전능하신 하나님교'를 전파하는 본부를 설립하고 하철신을 '전능하신 하나님교'의 중국 경내의 책임자로 임명하고 이른바 '선교 대업'을 하철신에게 맡겼다.

하철신은 과연 조유산의 신뢰를 저버리지 않고 2002년부터 2006년 사이에 중국 경내에 8개 대 목양 구역을 설립하고 신도들의 수량을 200만이상으로 발전시키는 성과를 거두었다.

그러나 조유산은 '전능하신 하나님교'가 하철신의 주도하에서의 이런 양호한 발전 상황에 대해 기쁘게 생각하는 대신에 오히려 근심했다. 그는 하철신의 세력이 점점 강해져서 자기의 지위에 영향을 끼치게 될까봐 걱정했던 것이다.

그리하여 2007년 9월 동부구 감찰원 '전신'(全心)을 적그리스도로 인정하고 그를 해고하고 그것을 변명거리로 삼아 하철신에게 중대한 책임이 있고 감찰 실책이라면서 하철신를 강요하여 사직하게 하고 다시 감찰팀 팀장을 선거했다.

2009년 일반 신도가 된 하철신은 허난성 쉬창시(許昌市)에서 선교하다가 체포되어 현재 카이펑(开封)에 있는 허난성 제1감옥에 갇혀 있다. 복역하는 동안 그는 "나는 하나을 믿는 사람이다"는 이유로 죄를 인정하지 않고 법률에 복종하지 않았다. 그래서 결국은 그의 조강지처인 은계란(殷桂兰)여사가 소식을 듣고 여러번 허이룽쨩 지씨에서 허난 카이펑으로 와서 면회하고 여러면으로 일깨우고, 동시에 일부 사회 학자와 인류학자들의 인내심 있는 설득을 해서야 하철신은 점존 자신을 반성하기 시작했고 자신의 회고록을 써서 후인들에게 반성하고 거울이 되게 하려 하였다.

제8장
사람들에게 화를 끼치다

제 1 절
실정을 알아보고 길을 내다

하철신은 체포된후, 2009년 4월에 '전능하신 하나님교'가 중국 경내에서 사람을 속여 입교시키는 방법, 권력기구의 설정과 자금 유동 등 상황을 털어놓았다. 사람을 속여 입교시키는 방법에 대해서 하철신은 그들이 자주 사용하는 아래 5가지 수단을 소개했는데 그 내용은 모두《실정을 알아보고 길을 내는 세칙》과《근무 안배》란 두권의 책에 기재되어 있었다.

그들이 입교 시키는 수단은,

첫째, '관심과 사랑'으로 감화한다. 의식적으로 선교 대상에게 도움을 제공함으로써 호감을 사취하고 선교를 진행하였다. 예를 들면 애인을 소개해주고, 농사일을 도와주고, 청결을 해주고, 설거지를 해주며, 아픈 사람에게 의사와 약을 찾아 주고 심지어 일부 전통 명절에는 쌀, 밀가루, 식

용유 등 생활용품을 보낸다.

둘째, 끈질기게 달라붙어 귀찮게 굴고, 속임수와 협박의 온갖 방법을 다 쓴다. 반복적으로 선교 대상의 집으로 가서 '전능하신 하나님교' 교리를 전파하여 전도 대상으로 하여금 '전능하신 하나님교'교리를 받아들이게 한다.

셋째, 이성끼리 교제한다. 예를 들면 남성이 여성에 대해 거절을 하기 어려워하는 특성을 이용하여 여 신도들이 남성에게 선교한다.

넷째, 인간 관계를 이용한다. 예를 들면 신도는 친척, 친구, 지인들에게 선교한다.

다섯째, 책과 CD를 준다. 선교 대상에서 무료로 책을 준다. 예를 들면 《어린양이 펼친 책》과 《하나님의 비밀스러운 역사》등 책을 무료로 준다. 음악을 즐기는 상대에게는 '전능하신 하나님교'의 음악 CD를 주어 선교 대상이 '전능하신 하나님교'에 대해 초보적으로 이해하게 하고 다시 그에 대해 진일보로 전도를 진행한다.

상술한 수법 외에 '전능하신 하나님교'는 선교 중에 일부 부정한 수법을 쓸 때도 매우 많다. 불법 구금하고 강제적으로 선교를 하거나 여색으로 유혹하여 음란하고 사악하게 선교하며 봉건 미신 수법으로 선교한다.

특히 그 중에서 미신 수법으로 선교하는 것을 예로 들면, 귀신 놀음을 연기하고, 영혼이 몸에 달라붙었다 하고 형광 물질의 분말로 벽이나 혹은 달걀에다 '전능하신 하나님은 좋다'라는 글을 써놓거나 또는 '전능하신 하나님은 좋다'는 글을 종이에 써서 비닐로 싼 다음 물 고기 배속에 밀어넣고 그 고기를 다시 시장에서 사오는척을 해가지고 민중들을 기만하였다.

그리고 《실정을 알아보고 길을 내는 세칙》이란 책을 보면 이 책은 전문 기만술책을 기재한 '후흑학'(厚黑学)의 성질을 띤 책이다. 일반 민중에 대한 기만술책만 기재되어 있는것이 아니라 기타 다른 교파의 신도들에 대해 설계한 구체적인 선교 기만술책도 기재되어 있다. 이 점에 대해 2012년 12월 중국 《남방일보》에 실린 〈실제 하나님 전파 및 조직 통제 수법 비밀을 폭로〉라는 문장에서 일찌기 이점에 대해서 폭로하였었다. 문장에 기록한 내용을 보면, 이른바 《실정을 알아본다》는 것은 여러가지 관계를 이용하고 기타 교파 내부에 들어가서 사람들과 친하게 지내면서 그들의 신뢰와 호감을 얻고 그들 내부의 실정을 파악하여 그후 다른 사람에게 소개하거나 간증 사역을 위해서 기초를 다지는 것이다. 하지만 《길을 내다》는 좋은 관계를 맺은 후 일부 관념을 바꾸는 교리를 얘기하고 그들 속의 흐트러지기 쉬운 관념, 생각, 인식을 일일이 돌려 놓고 그들속에 부족한 부분을 보충하여 그들로 하여금 자신을 낮추게 하는 과정이다. 동시에 이 문장에서는 상술한 목적을 달성하기 위해 '전능하신 하나님 사교 조직'이 선교 상대에게 가까이 접근하는 비결은 남의 눈치를 살피고, 허장성세하고, 임기응변하고, 순서대로 하나 하나 해 나가고, 끈질기게 달라붙어 귀찮게 굴고, 거짓말을 조작하고, 미인계를 쓰는 것 등이다. 뿐만 아니라 "거짓말을 하는 것은 지혜이다"고 공개적으로 선전하였다.

이로부터 미루어 보면, 《실정을 알아보고 길을 내는 세칙》과 《근무 안배》란 두권의 책은 실지 사람들에게 기만술책을 가르치고 지도하는 교재이다.

그리고 일반 민중과 다르게 교회당 또는 교회 모임 장소의 기독교 각 교파 신도들을 상대로 선교하여 그들을 '전능하신 하나님교'에 끌어들이기 위해 '전능하신 하나님교'에서는 선전 기구를 조직하고 특별히 자기들 교리를을 전하는 대오를 설치했다. 처음에 1선, 2선, 3선, 4선 등 4개의 대오를 설치했다가 4선을 없앴다.

1선 대오는, 성경에 대해 익숙하고 설교 수준이 좀 높은 사람들로 구성하고 9급직의 사람이 지휘하는데 그들의 주요 임무는 기타 각 교파의 중층 책임자와 설교자들에게 선교하는 것이다.
2선 대오는, 소 구역에서 책임지고 지휘하는데 그들의 주요 임무는 기타 각 교파의 중, 하층 책임자와 설교자들에게 선교하는 것이다.
3선 대오는, 교회에서 책임지고 지휘하는데 기타 각 교파의 평신도들에게 선교한다.

그리고 1선 대오와 2선 대오 중에는 '실정을 알아보고 길을 내는' 인원들을 설정하여 기타 기독교 각 교파의 중층 이상 책임자들과 설교자들의 기본 상황과 특성을 미터 파악하게 하여 1선 대오와 2선 대오의 선교 인원들이 그 정보에 맞추어 선교하게 하는 것이다.

《근무 안배》등 책의 기록에 따르면 '전능하신 하나님교'의 선교 책략은 주요하게 농촌에서 도시를 포위하는 것이다. 즉 어떻게 농촌의 교회에 침투하고 기존 신도들을 자신의 '전능하신 하나님교'로 유인할 지에 대해 여러가지 세밀한 수법을 제정하였다. 그들은 농촌 교회의 신도들은 비교적 천진하고 단순하여 비록 일부 기독교 지식에 대해 좀 요해하고 있지만 체계적이지 못하고 깊이 알지 못하며 또 성경을 자주 보지 않기 때문에 가장 쉽게 끌어들일 수 있어 아무런 기초가 없는 사람들보다 끌어들이기 더 쉽다고 생각했다.

그들은 일반적으로 '실정을 알아보는 사람'과 '길을 내는 사람'에게 "고생을 좀 하더라도 끈질기게 달라붙어 귀찮게 굴며 개미와 같은 근면한 정신을 발산하라"고 요구했다.

그리하여 일부 사교분자들은 때때로 순수한 교회 속에 들어가서 1~2년의 긴 시간동안 진상을 드러내지 않고 잠복해 있다. 그 목적은 바로 이 교회의 모든 상황을 파악하기 위해서이다.

'전능하신 하나님교'는 성공적인 선교 목적을 위해 심혈을 기울였다. 그들은 상상외로 일반 민중과 기존 기독교 신도들을 상세하게 구분하고 분류하여 자세히 연구하고 부동한 상대의 연령, 성별, 취미, 문화정도 등 특성에 따라 최종적으로 방안을 확정하고 집중적이고 절차있게 선교하고 사기를 쳤다.

제 2 절
협박하다

'전능하신 하나님교'의 악질 분자들은 선교의 목적을 달성하기 위해 온갖 사기술을 다 사용하였다. 그 중에서 어떤 것은 강제적 수단을 사용하는 것인데 심지어 깡패들이나 건달들의 방식을 사용하여 입교를 거부하거나 자기들의 선교를 방해하는 사람들에 대해 보복을 하였다.

1998년 10월부터 11월까지 허난성의 난양시(南阳市) 탕허현(唐河县),

서치현(社旗县)등 곳에서 여러차례 '전능하신 하나님교'의 선교와 관계되는 극단적인 사건들이 일어났다.

예를 들면 잔인하게 다리를 부러뜨리고, 얼굴을 찌르고, 귀를 자르는 등 사건들이다.

그 중에 유노한(刘老汉)이란 노인은 맞아서 다리가 부러졌다.
유노한은 한 가정 교회 모임 장소의 책임자이다.

유노한의 다리 부러진 사건에 대해 저희 기자는 여러곳을 거쳐 끝내 집이 난양시 탕허현 민영촌(闽营村)에 있는 유노한과 연락을 취하게 되었고 그와 인터뷰를 하게 되었다.

유노한은 민영촌의 촌민이고 기독교를 믿으며 집에는 세명의 자녀가 있는데 이미 다 따로 가정을 꾸리고 생활하고 있었다. 유노한과 그의 아내는 기독교를 믿고 집에다 가정교회 모임 장소를 만들고 매주 수요일, 금요일과 주일에 모임을 가졌다. 우리들은 그 가정 교회 모임 장소에서 그와 만나 인터뷰를 시작하였다.

기자: '전능하신 하나님교'의 선교자들이 어떻게 당신들과 연락하게 되었나요?
유노한: 그들은 소식이 아주 빨라요. 모두 사전에 내막을 탐지해요.

기자: 그들이 전하는 하나님은 '전능하신 하나님'이고, 또 '여 그리스도'인데 당신들은 어떻게 생각하세요?

유노한: 우리는 안 믿어요. 그건 가짜예요. 예수님은 그리스도시고 살아계신 하나님의 아들이시며 부활하신 후에 하늘에 올라가셔서 장래에 재림하시는데 어떻게 여자로 변하고 또 어떻게 지금 인간 세상에 있어요? 그건 모두 사기예요.

기자: 그들은 왜 당신의 다리를 부러뜨렸나요?

유노한: 그들은 저를 자기네 교파로 끌어들이고 저더러 가정 교회 모임 장소에서 "예수님이 말씀이 육신이 되어 이 세상에 오셨는데 그가 바로 '여 그리스도'이고 그가 지금 허난에 계시며 그가 '대제사장'을 지정해서 파견하는데 이후부터 우리 모두가 다 이 '여 하나님'을 믿어야 된다"고 했어요. 그러나 저는 믿지 않았어요. 저는 그런 허튼 소리를 믿을 수가 없어요.

그런데 어느날 제가 밖에서 돌아오는데 길옆에서 두 사람이 갑자기 나타나 몽둥이로 저희 다리를 부러뜨리고 달아났어요. 나중에 들었는데 그 자들은 이미 붙잡혔고 형벌을 받았대요.   유노한은 말을 마쳤는데 얼굴에 격분한 표정이 떠올랐다. 그는 바짓가랑이를 걷어 올려서 맞은 흔적을 보여줬다. 그는 이어서 "우리는 하나님을 믿고 예수 그리스도를 믿는 사람이기에 응당 좋은 사람이 되고 성실하고 착한 사람이 되어야 해요. 가령 그들이 선전하는 하나님이 진짜라고 하더라도 믿고 안 믿는것은 자유이지 그렇게 난폭한 방법을 사용하면 안되지요. 너무 사악해요!" 유노한이 여기 까지 말했을 때 우리를 수행한 학자가 참지 못하고 한마디 물어 보았다. "당신들 가정 교회 모임 장소의 신도들은 당신의 설교를 듣고 공산당을 사랑하나요? 나라를 사랑하나요?" 그러자 유노한은 "물론 사랑하지요. 불신자들보다 더 사랑해야지요. 왜냐하면 위에 있는 권세에 굴복하고 나라를 사랑하는 것은 주님의 뜻이거든요." 일순간 모두들 침묵을 지켰다.

이것은 우리가 진짜 생각지 못했던 일이다! 이것은 사람들의 중시를 일으킬만 일이다. 중국 사회 기층의 일반 민중에 대해 우리의 집정당은 도대체 어떻게 그들의 도덕과 신앙을 구축해야 할것인가? 이것은 문화를 함께 누리고, 민생을 함께 누리는 큰일이고 세계로 진출할 나라의 정부가 고려해야 할 중대한 사회 문화 문제가 아닐 수 없다.

여기에서 참된 그리스도인들이 신앙과 애국 문제에 대해서 좀 짚고 넘어가려 한다.

성경 예레미야 29:7에 보면, 여호와 하나님께서 예루살렘에서 바벨론에 포로로 끌려간 이스라엘 백성들에게 "너희는 내가 사로잡혀 가게 한 그 성읍의 평안하기를 힘쓰고 위하여 여호와께 기도하라 이는 그 성이 평안함으로 너희도 평안할 것임이니라"고 말씀하셨다.

고대 역사를 살펴보면 바벨론은 이스라엘에게 용서 받을 수 없는 큰 죄악을 저지른 나라이다. 바벨론의 침공으로 이스라엘은 쑥대밭이 되어 버렸고 온 세계가 칭송을 아끼지 않았던 그 화려하고 웅장한 솔로몬의 성전도 다 파괴되고 그 성전 안에 들어있던 금 기명들과 모든 보물과 왕궁의 모든 보물까지 다 칼취당했으며 이스라엘 백성들은 모두 바벨론으로 끌려가 노예의 신세가 되고 말았다(왕하24:10-16).

뿐만 아니라 바벨론왕 느브갓네살은 이스라엘 왕 시드기야를 붙잡아서 그의 목전에서 그의 아들들을 죽이고 또 시드기야왕의 두 눈을 빼고 사슬로 결박하여 바벨론으로 끌어다가 죽는 날까지 옥에 가두었다(왕하 25:6-7, 렘52:10-11).

그렇기 때문에 이스라엘을 놓고 볼때 바벨론은 원수 중에 원수이며 저주를 받아 마땅한 나라인 것이다.

그러나 하나님께서는 바벨론에 포로로 끌려간 모든 이스라엘 백성들에게 하나님의 백성으로서 그 나라에 포로로 끌려가서 살 때에 마땅히 가져야 할 신앙 자세에 대해 제시하면서 그들에게 "너희가 바벨론에 포로로 끌려가서 살 때에 그 나라의 평안을 위하여 기도하라"고 말씀하셨는데, 이스라엘 백성들을 놓고 볼때 하나님께서 그들더러 "원수 나라의 평안을 위하여 기도하라"고 하시는 것이 참으로 이해가 잘 되지 않았지만 그들은 거절하지 않고 하나님께서 지시하신대로 순종하여 그 나라에서 평안을 누리며 살았고 그 자녀들까지도 그 나라에서 평안을 누리며 살았으며 포로 생활 70년 후에 그 나라에서 얻은 모든 소유를 이끌고 자기들의 고향으로 무사히 돌아오게 되었다(렘29:10-14).

이것은 우리에게 무엇을 보여주고 있는 것인가 하면, 그리스도인들은 어느 나라에 가서 살던지, 혹은 어느 나라에 선교를 가던지, 그 나라가 민주 국가, 독재 국가, 공산 국가라도 상관할 것 없이 자기가 현재 거주하고 있는 그 나라의 제도를 비난하거나 판단하지 말고 그 나라의 주권과 당을 공격하지 말아야 하며 반드시 그 나라의 평안을 위하여 기도하며 그 나라가 잘 되도록 힘쓰는 것이 그리스도인으로서 마땅히 가져야 할 신앙 자세임을 보여 주고 있는 것이다.

그런데 지금 성경을 바르게 알지 못하는 일부 그리스도인들과 선교사들은 자기가 현재 그 나라에 살고 있으면서 그 나라의 정치와 제도를 비난하고 공격하는데 그것은 잘못된 것이며 성경과 기독교에 대해 잘 모르는 무지에서 온 것이다.

지금 어떤 곳에는 전부 국가 정부에 반역하는 건강하지 못한 교단들이 있는데 그런 교단들에서는 어디에 가든지 국가 정부에 데모하는 것이다. 또한 그런 것에 대해 목사들이 전부 강의하고 있다. 그외에도 어떤 목사들 중에 "나라의 법대로 하면 복음에 위반되는 것이다"고 가르치는 목사들이 적잖게 있다. 나는 그런 사람들이 정신이 이상한 사람이 아닌지 모르겠다. 목사라면 복음을 전해서 영혼을 구원하는 일을 해야 진짜 목사이지 국가 정부를 대적하는 일을 하면 진짜 목사가 아니다. 복음 전할 시간도 모자란데 어디 국가 정부를 대적하는 일을 할 시간이 있는가?! 세상 일은 세상 사람들이 알아서 하는 것이다. 우리는 거기에 신경을 쓸 것이 없다. 우리는 무엇만 하면 되는가 하면, 기도만 하면 된다. 그러면 하나님께서 하나님의 뜻대로 응답해 주신다.

기독교는 그 어떤 나라의 정치나 제도를 바꾸기 위하여 존재하는 것이 아니라 예수 그리스도의 복음을 전하기 위하여 존재하는 것이다. 하나님께서 원하시는 뜻은 그리스도인들이 그 어떤 나라의 정치나 제도를 간섭할 것이 아니라 하나님의 복음을 그 나라에 전파함으로 그 나라가 행복하게 살게하는 것이다.

그러므로 그리스도인들과 선교사들은 하나님의 뜻을 바로 깨닫고 자기가 현재 살고 있는 나라가 조국이거나, 타국이라도 상관없이 그 나라에 대한 바른 자세를 가지고 그 나라의 평안을 위하여 기도해야 한다. 그러면 그 나라가 평안할 때 자기도 평안한 것이다. 이것이 바로 그리스도인들이 마땅히 가져야 할 바른 신앙 자세이다.

오늘날 한국이란 나라가 왜 그렇게 잘 살고 있느냐 하면, 과거에 한국이 가난할 때에 많은 미국에 선교사들이 한국에 와서 순교까지 당하면서 복음을 전하였고 또 자기들을 죽이기까지 하는 한국을 위하여 기도하고 가난한 한국 사람들을 물질면에서 도와주었고 심지어 죽어가면서도 "이곳이 자기의 고향과 같으니 자기가 죽으면 꼭 이 나라에 장사를 지내달라"고 해서 그 시체가 한국 땅에 묻힌 미국 선교사들도 적지 않다. 그 결과 오늘 날 한국은 복 받은 나라가 되었고 잘 사는 나라가 된 것이다.

그리고 또한 현재 한국의 교회나 기도원에 가면 자기 나라와 이웃 나라의 평안을 위하여 기도를 안 하는 곳이 거의 없다. 그와 같이 한국의 그리스도인들이 자기 나라와 이웃 나라의 평안을 위하여 열심히 기도하고 있기 때문에 그렇게 가난하던 한국이 오늘 날 점점 더 잘 살게 되는 것이다.

사실 사람은 누구나 다 개인의 이익을 취할줄 알지만 우선 사람은 사회적 인간인 것 만큼 사회를 떠나서는 절대 개인의 이익을 운운할 수가 없다.

그러므로 그리스도인들은 어느 나라에 가서 살던지 상관하지 말고 자기가 현재 거주하고 있는 그 나라에 대하여 사랑을 가지고 국경없이 살아야 하며 자기의 본국 같이 그 나라의 평안을 위하여 기도해야 한다. 이것이 바로 참된 그리스도인들이 마땅히 가져야 할 바른 신앙 자세이다.

제 3 절
제 멋대로 재물을 긁어 모으다

처음으로 미국에 온 다른 중국인들과 달리 세상의 대 사기꾼이고 이단 교주인 조유산과 양향빈은 과다한 경제적 압력이 없이 편안하고 후한 생활을 살고 있었다. 물톤 그들의 재물은 추호도 그들 자신의 노동으로 얻은 것이 아니고 모두 다 '전능하신 하나님교'를 빌어 사취해 온 것이며 모두 속임 당한 교인들이 피땀 흘려 번 돈을 삼가 바친 것이다.

우리가 알다시피 미국에서 중국인들이 모여 사는 지역을 거의 모두 한결같이 '차이나 타운', 혹은 '당인 거리', 혹은 '중국성'이라고 부른다. 미국으로 도망온 조유산, 양향빈 일행은 미국 뉴욕 플러싱 차이나 타운에 거주했다. 조유산과 양향빈 부류의 사람들은 여기에 올 수밖에 없었고 또한 이런 곳 만이 조유산 일행의 주거지와 은닉처가 될 수 있다. 조유산과 양향빈은 미국으로 도피한 후 곧 큰 돈을 들여서 이른바 현지 법률에 정통한 일부 인사들을 찾아 일부 관련 자문을 했다. 조유산과 양향빈 일행은 법률에 정통한 인사들의 도움으로 미국에서 종교 박해의 이유로 정치 피난을 신청하여 정치적 망명의 신분으로 미국에서 거주권을 취득하였을 뿐만 아니라 계속적으로 기독교의 이름을 사칭하여 '전능하신 하나님의 교'의 선교활동을 진행하였다.

하철신이 스스로 교대한데 의하면, '전능하신 하나님교'의 헌금은 교인들이 자원적으로 헌금한 것이다. 헌금은 교회, 소 구, 구 등 세 곳에서 책임지고 보관한다. 교회에서는 중국 돈으로 500원 정도 책임지고 보관하고, 나머지 부분은 소 구에 납부하며 소구는 중국 돈으로 2만원 정도 책임지고 보관하고, 나머지 부분은 구에 납부하며 구는 중국 돈으로 50만원 정도 책임지고 보관하고 나머지 부분은 별도로 보관한다. 1998년 하철신은 안후이(安徽)구 책임자로 있을 때 안후이구에 중국 돈으로 약 8만원의 헌금이 있었고, 2000년말 하철신이 감찰 조장으로 임명 되였을 때에는 안후이구의 헌금은 이미 중국 돈으로 30만원에 도달했다.

2007년 10월 하철신이 감찰 조장직에서 교체된 후 국내 '전능하신 하나님 교'의 헌금은 중국 돈으로 약 6천만원정도 예금되어 있었다. 또 하철신의 자백에 따르면 조유산이 국내에서 돈을 운송해야 할 때는 꽝뚱(广东)의 소호(小胡)를 통해 하철신에게 지시를 하달했다. 그러면 하철신은 수하의 구 인솔자들에게 통지하여 소호에게 헌금을 전달하고 소호를 거쳐 헌금이 미국으로 전달된다.

각 구에서 미국으로 헌금을 전달하는 방식은 세가지가 있다. 첫째는, 각 구 인솔자가 사람을 파견하여 꽝뚱으로 보내는데 매개 인은 매번에 중국 돈으로 3만원에서 5만원밖에 지니지 못하며 돈이 꽝뚱에 집중된 후 다시 소호를 거쳐 외자 기업 또는 개인 금융기관을 통해서 미국의 조유산에게 전달된다.

두번째는, 소호가 사람을 파견하여 헌금을 찾아가는데, 사전에 돈을 넘겨주는 장소를 다 약속해 놓은 다음 구 인솔자가 사람을 파견해서 차로 헌금을 사전에 약속해놓은 장소로 가져가면 그 사람이 돈을 넘겨 받아 가지고 꽝뚱에 돌아가서 소호에게 넘겨준다. 그러면 소호가 그 헌금을 같은 방법으로 미국의 조유산에게 보낸다.

세번째는, 은행을 통해서 꽝뚱에 송금하고 소호가 그 헌금을 받아서 다시 같은 방법으로 미국의 조유산에게 보낸다.

하철신이 감찰 조장을 담임한 시기 소호가 미도에 전달한 헌금의 상세 상황은 아래와 같다.

1. 2002년 상반기, 쩌쨩(浙江)구 인솔자 투량(透亮)이 중국 돈으로 100만원을 미국으로 보냈다.
2. 2002년 하반기, 안후이(安徽)구 인솔자 몽원(梦园)이 중국 돈으로 100만원을 미국으로 보냈다.
3. 2003년 상반기, 쨩쑤(江苏)구 인솔자 개가(凯歌)가 중국 돈으로 100만원을 미국으로 보냈다.
4. 2003년 하반기, 쩌쨩(浙江)구 인솔자 투량이 200만원을 미국으로 보냈다.
5. 2004년, 어느구인지 잘 기억이 나지 않는데, 모두 중국 돈으로 400만원을 미국으로 보냈다.
6. 2005년 쩌쨩구 인솔자 투량이 중국 돈으로 400만원을 미국으로 보냈다.
7. 2006년, 안후이구, 쩌쨩구와 허난구로부터 모두 중국 돈으로 800만원을 미국으로 보냈다.
8. 2007년, 쩌쨩구, 안후이구, 쨩쑤구와 허난구로부터 모두 중국 돈으로

2천만원을 미국으로 보냈다.
9. 2008년 구정 후, 안후이구와 쩌쨩구로부터 중국 돈으로2천만원을 미국으로 보냈다.

하철신의 또 다른 자백에 의하면, 2008년 3월, 유령(有灵)이 감찰조장을 담임한 후 그에게 메일을 보내서 전국에 아직 중국 돈으로 7천만원의 헌금이 미국으로 보내지 못하고 있다고 말한적이 있다.

2012년에 와서 국내의 헌금은 여전히 늘어날 뿐 줄어들지 않았다. 싼풍성 한 곳의 '목양구'만 하여도 신도들이 조유산에게 바친 헌금이 무려 중국 돈으로 4400만원에 도달되었다.

참 이것은 알고도 모를 일이다. 분명히 말도 안되는 기만술책으로 유혹하는데 그 거짓말을 '진리'로 믿고 따르는 그런 바보들이 그렇게도 많으니 말이다.

아마 이런 것을 두고 "바보가 너무 많으니까 사기꾼이 뚜렷하게 부족하다"고 하였나 본다.

제 4 절
악행이 빈번하게 일어나다

현재 전국 범위에서 보면 '전능하신 하나님교'에 유혹되어 가정생활에 불행한 사건이 자주 발생했다. 이것은 친인척들을 하여금 매우 고통스럽게 하였다. 심지어 한 사람이 거기에 빠져들어감으로 하여 온 가정이 다 빠져들어간 것이다. 그것은 더욱 큰 가정 비극이 아닐 수 없다!

아래에 또 몇가지 유형의 비교적 전형적인 사건을 열거하여 그의 위해성을 지적하고 그것을 빌어 서인들에게 경종을 울려주고 동시에 신학자들과 신학교와 교회 목회자들과 사회학자, 인류 학자와 정부 부처에서 이런 유형의 문제를 중요시하길 바란다.

유형 1 • 자살 승천 유형

'전능하신 하나님교'의 여 신도 사운(谢云)은 후난성 창싸시 웨루구(湖南省长沙市岳麓区) 사람인데 기만술책에 넘어가 '전능하신 하나님교'와 접촉하고 곧 거기에 얼이 빠져 친정과 우정을 다 포기하였다.

후에 그녀는 '세계종말'이 되었다는 거짓말을 믿고, 또 '죽으면 곧 승천할 수 있고 곧 천당에 들어간다'고 믿었다. 그리하여 2003년 초가을의 어느 점심 때에 자택의 방에서 농약을 마시고 자살했다. 후에 발견되어 병원으로 옮겨졌지만 이미 농약을 너무 많이 마셨기 때문에 다음날 세상을 떠났다.

'전능하신 하나님교'의 여 신도 근려연(靳丽娟)은 후뻬이성 쪼양시(湖北省枣阳市) 사람이다. 속임을 당하여 '전능하신 하나님교'와 접촉하고 곧 충실하게 그들의 교리를 믿었다.

2004년 11월 9일, 근려연은 밖에서 기도를 마치고 집으로 돌아 온 후

식칼을 들고 뛰쳐 나갔다. 집앞의 산비탈에서 "나는 주님의 부르심을 들었다. 주님은 나보고 지금 곧 오라 하신다!" 라고 외쳤다. 남편과 아이가 곧 뒤따라 달려나가서 울면서 애원했는데 그는 듣지 않았다. 그녀는 큰 소리로 외친 후 즉시 식칼로 힘껏 목 부위의 기관지를 베어 그 자리에서 피가 뿜겨 나오면서 혼수 상태에 빠졌다. 남편과 식구들이 그를 조양시 제1병원으로 후송하여 구급하였다. 나중에 그가 구급을 거쳐 깨어났는데 깨어나자마자 그녀는 "여기가 천당인가요?"하고 물었다. 집 식구들이 그에게 여기는 병원이라고 알려 줬다. 그러자 그녀는 주사를 맞고 약 먹는 것을 거절하고 집에 돌아가겠다고 고집을 부렸다. 몇일 후 근려연은 병세가 악화되고 합병증에 감염되어 세상을 떠났다.

3. 빠이청(白城)에 '전능하신 하나님교'의 세명의 신도는 승천하기 위해 분신자살하였다.

2011년12월 13일, 지린성 빠이청시 (吉林省白城市) 경제개발구의 한 주민 아파트의 복도에서 화재가 발생했다.
이 아파트의 현관에 거주하고 있는 주민 곽봉영(郭凤荣)과 변정(卜静)과 장수청(张秀清) 등 세사람이 화제에서 불행히도 사망했다.
후에 공안국과 소방서에서 현장을 탐사, 조사하고 부검을 한 결과 세 사람 모두 연기와 먼지 가스를 흡입하고 질식을 초래하여 사망했다고 인정했다.

그 중 곽봉영 시체의 탄화 훼손 정도가 제일 심하며 손발 및 사지 부분이 다 타 버렸다. 기술감정을 거쳐 곽봉련이 발화점이라 확정했다. 후에 기타 사람들이 몸에 지닌 가방에서 '전능하신 하나님교'의 서적《말씀이 육신에서 나타난다》한권과 세계종말 선전 자료 등을 발견했다.

유형 2 · 친인척을 증오하고 구타하는 유형

'전능하신 하나님교'의 여 신도 왕위력(王伟力)은 아버지 유옥신(刘玉新)을 구타하여 치사하게 했다.

왕위력이 전에 사용했던 이름은 유해하(刘海霞)인데 1970년 4월 5일 출생하였고 산동성 룽커우시 경제 개발구 저우류촌(山东省龙口市级济开发区邹刘村)사람이다

왕위력의 어머니는 왕춘화(王春华)라 부르는데 피해자 유옥신과 결혼 후 슬하에 딸 둘과 아들 하나를 두고 있었다. 큰 딸의 이름은 왕위력이고, 둘째 딸의 이름은 유윤하(刘润霞)이며 아들의 이름은 왕검남(王剑楠)이다.

1989년 왕춘화는 남편 유옥신과 사정으로 인하여 이혼하고 세 아이를 데리고 같이 살았다. 그 후로 유해하는 어머니의 성 왕씨를 따랐으며 이름을 왕위력으로 개명하였다. 셋째 남동생도 어머니 성씨를 따랐다.

남동생 왕검남의 소개에 의하면 왕위력은 1999년 부터 '전능하신 하나님교'를 신앙하기 시작했고 어머니 왕춘화도 '전능하신 하나님교'를 신앙했다. 두 모녀가 '전능하신 하나님교'를 신앙 한 후 그 교리를 완전히 접수하고 그 교를 믿지 않는 사람은 모두 악마고 그 교를 믿는 사람만이 구원받을 수 있다고 여겼다.

왕위력이 '전능하신 하나님교'를 독실하게 믿고 가정 생활을 마음에 두지 않았기 때문에 그와 그의 남편 사이에도 늘 긴장을 초래하였고 나중에 이혼하지 않을 수 없게 되었다. 왕위력이 이혼 후 갈 곳이 없어서 그의 어머니 왕춘화의 집에 돌아와 살게 되었다.

왕검남의 소개에 의하면 아버지 유옥신은 이혼 후에 이미 후처를 맞아들이고 또한 생활도 안정되고 감정도 좋았다.

2009년, 유옥신이 뇌혈전에 걸려 입원 치료를 받을 수밖에 없었고 그의 후처가 병원에서 그를 보살폈다.

왕춘화와 두 딸 왕위력과 유윤하는 이 소식을 들은 후 유옥신이 죽으면 그의 집 등 재산이 다른 사람의 손에 들어갈까봐 걱정되어 병원에 와서 유옥신을 보살핀다는 명분으로 유옥신의 후처를 쫓아냈다.

유옥신은 퇴원후 후유증이 남아 언어로 사람과 교류할 수 없게 되었다. 하지만 왕위력은 유옥신 명하의 두채 부동산과 중국 돈으로 십 몇만 원의 채권을 얻기 위하여 그의 어머니 왕춘화를 부추겨서 유옥신과 재결합 수속을 밟게 하였다.

재결합후 왕춘화와 왕위력은 또 유옥신 아버지의 조상 주택을 얻기 위하여 유옥신의 형님, 남동생과 여동생을 찾아가 유옥신 아버지의 부동산을 유옥신의 명의로 바꾸는 것을 그들이 승낙하게 하려 하였다. 이는 유옥신 형제 자매들의 극심한 반대에 부딪혔다. 왜냐하면 왕춘화와 왕위력 모녀 두 사람은 전에 '전능하신 하나님교'를 신앙한 후 자기의 재산을 '전능하신 하나님교'에 기부한 적이 있기에 유옥신의 친인들은 일단 부동산을 왕유력에게 주면 그가 팔아서 전부 '전능하신 하나님교'에 헌금할 것이다고 생각했기 때문이다. 또한 이 낡은 조상의 집은 유옥신도 유일한 법정 상속자가 아니었다.

조상의 부동산을 손에 넣으려던 계획이 실패하자 왕춘화와 왕위력은 마음 속으로 원한을 품었다. 그리고 그들은 유옥신이 무능하다고 여기고 늘 유옥신에게 욕설을 퍼붓고 유옥신을 학대하였으며 늘 그에게 밥을 먹이지 않았다. 게다가 왕위력은 '전능하신 하나님교'를 믿지 않으면 모두 악마라고 여기고 유옥신을 개나 돼지만도 못한 물건으로 여겼다.

왕위력이 폭력을 사용하여 그의 아버지 유옥신을 구타해 죽음에 이르게 한 사건의 당시 현장의 유일한 목격자가 바로 왕춘화이다. 그래서 왕춘화의 서술은 상당히 관건적인 증언이었다. 왜냐하면 왕춘화와 왕위력은 같은 심리 관념을 가지고 있는데다 두 사람은 다 '전능하신 하나님교'를 신앙하는 사람이기 때문이다. 그러면 왕춘화의 말이 얼마나 큰 신뢰감이 있겠는가? 하지만 어쨌든간에 우리는 그녀의 설명을 한번 좀 들어보자.

사건 발생전에 저는 예전에 다른 사람에게 임대해주었던 집을 회수하여 간단하게 정리하여 큰 딸과 함께 거주하려 했어요. 그러면 유옥신을 돌보기도 편리하게 말이예요. 집을 정리할 때 유옥신이 서쪽켠의 이웃집에 가서 음식을 먹었는데 이웃은 우리가 유옥신을 학대한다고 오해하면서 저를 때리려 했어요. 저의 큰딸 왕위력이 서쪽 이웃과 따지다가 서쪽켠의 이웃에게 맞았어요. 그래서 우리는 나의 둘째 딸의 발전소 가족 아파트에 있는 빈 집에 가서 거주했어요.

사건 발생 당일 오후, 왕위력은 또 서쪽켠의 이웃과 마주치게 되었는데 그를 보자 전에 맞은 일을 생각하면서 무척 화가 났어요. 그는 이 일이 유옥신이 쌍방을 부추겨 시비를 일으킨 것이라고 생각하였어요. 그날 저녁 8시 무렵, 왕위력은 화가 나고 증오심이 북받쳐 올라왔어요. 그는 이 한평생 동안 자기가 유옥신 때문에 고생을 했다고 여기면서 유옥신을 욕하기 시작했어요. 그녀가 욕할수록 점점 더 화를 내면서 나중에는 유옥신의 따귀를 한대 치고 그 다음에 그의 몸, 다리를 향해 주먹으로 몇대 쳤으며 또 몽둥이로 그의 다리를 한번 내리쳤어요. 제가 말리려고 해도 말릴 수가 없었어요. 잠깐 후에 유옥신이 화장실로 갔다가 그만 변기 위에서 바닥으로 넘어졌어요. 그러자 왕위력은 유옥신을 보고 죽은척 한다면서 발로 그의 허리와 머리를 두번 찼어요. 제가 보니 때 유옥신은 계속 화장실에 누워 일어나지 못했어요. 그래서 왕위력과 함께 그를 침대에 들어 올렸어요. 저녁 10시 무렵, 왕위력은 떠나갔어요. 다음날 아침 저는 유옥신이 죽은 것을 발견했어요. 그래서 왕위력을 찾은 후 그녀와 함께 공안 기관에 가서 자수했어요. (산뚱성 룽커우시 인민법원 형사판결서·2014룽형초자제46호 참조)

이것은 한 아내로서 자기의 남편이 어떻게 자기의 친 딸에게 맞아서 죽었는가 하는 진실한 과정을 목격한후 그 사건에 대하여 원상 회복한 것이다. 그러나 그의 서술을 보면 어떤 세부 부분은 너무 대충 서술되어 있었다.

보라! 이처럼 처량하고 비참한 인륜참극(人伦惨剧)에 대해 그녀는 추호의 상심감도 없었다.

그러면 왕춘화는 감정면에서 딸 왕위력의 편을 드는 것이 아닌가? 그것은 두말하면 잔소리이다. 두눈이 멀쩡한 사람은 한 눈에 보아 낼 수 있는 것이다. 그리고 왕춘화와 딸이 유옥신을 침대에 옮긴후 120 전화를 걸어 응급 처치를 하지 않았으며 기타 다른 조치도 취하지 않았다. 단지 이 점만 보아도 왕춘화는 아내로서 실질적으로 공범의 혐의가 있지만 사건 처리 인원이 이점을 무시한 것은 무엇때문인지 모르겠다. 이것 또한 오늘 날 심사숙고할 문제이다.

나중에 왕위력은 고의 상해죄로 판결을 받아 유기 징역 십년에 언도되었는데 판결이 너무 가벼운 것 같다.

필자는 여기 까지 쓰면서 치가 떨리는 걸 금할 수 없었다.
어떤 사람은 승냥이와 사람의 구별점에 대해 이런 말을 한적이 있다.
"승냥이는 줄곧 승냥이지만, 사람은 어떤 때 사람이 아니다!"

유형3 • 악령 제거 유형

'전능하신 하나님교'의 남 신도 왕도(王涛)의 아내 살인사건. 왕도는 싼시성 씨안시(陝西省西安市)의 사람이다. 여러 해 동안 '전능하신 하나님교'를 신앙하고 그의 아내는 그가 '전능하신 하나님교'를 믿는 것을 반대하기 때문에 그들 부부 사이에 여러 차례 의견 충돌과 싸움이 벌어졌다.

어느 날 그는 갑자기 아내가 자기가 교를 믿는 것을 반대하는 것은 악령이 아내의 몸에 붙었기 때문이라 느꼈다. '오직 육체를 소멸하여야만이 악령을 제거할 수 있다. 그 다음 전능하신 성령 하나님께서 다시 자기의 아내를 죽은자 가운데서 살릴 것이다'고 교육받아온 그는 2012년3월4일 오전 9시에 아내를 쳐서 까무러치게 하고 또 베개로 아내의 얼굴을 덮고 몸으로 눌러 아내가 질식하여 즉사하게 하였다. 뒤이어 왕도는 식칼로 연속 아내 시체의 머리와 가슴과 복부를 열번 남짓 찔렀다.

이 모든 것이 다 끝난후 왕도는 아내 시체 옆에서 수호하면서 하나님의 성령이 내려와서 아내를 다시 소생시켜 주기를 기다렸다.

'전능하신 하나님교'의 여 신도 이계영(李桂荣)은 두달되는 자기 딸의 목구멍을 잘라 살해했다.

이계영은 허난성 란코현(河南省兰考县)의 사람이다. 결혼후 '전능하신 하나님교'를 신앙하기 시작했고 후에 한 여자 아기를 낳았다. 그래서 그녀는 집에서 아기를 돌보기 때문에 제때에 '전능하신 하나님교'의 모임 활동에 참가할 수 없었다. 그리하여 그녀는 좌천되는 처벌을 받았다. 이계영은 이 좌천된 죄를 딸에게 돌리고 그를 작은 귀신, 작은 악령이라 여겼다. 그리하여 2011년1월10일 아침 7시 무렵, 이계영은 가위로 두달 밖에 안되는 자기 딸의 목구멍을 잘라 잔인하게 그를 살해했다.

유형4 • 세상을 구원하기 위해 십자가에 죽이는 유형

'전능하신 하나님교'의 남 신도 만성언(万成彦)은 여덟살되는 자기 아들을 격살하고 그를 십자가에 못 박았다.

만성언은 쨩쑤성 쑤양현(江苏省沭阳县)의 어느 시골에 촌민이다. 1996년 2월 22일 새벽 3시 무렵, 만성언은 도끼로 잠든 여덟살밖에 안되는 아들 왕뢰(王磊)를 맹렬하게 내리쳐서 살해했다. 그 다음 자체로 미리 만든 십자가 위에 왕뢰를 눕혀놓고 그의 팔뚝을 수평으로 벌리고 쇠못을 그의 작은 두손에 박고 또 긴 못 하나를 머리에 박았다.

그리고 "이것은 '전능하신 하나님'에게 바치는 한 방울의 보혈인데, 그 목적은 자기의 죄악을 씻고 세상의 만민을 구원하기 위한 것이다"고 말했다.

유형5 • 헌금으로 평안을 구하는 유형

'전능하신 하나님교'의 여 신도 왕금화(王金花)는 발을 헛디뎌 물에 빠져 사망했다.

왕금화는 1948년에 출생하였고 후뻬이성 충양현 쑈링향 (湖北省崇阳县消岭乡)의 사람이다. 일찍이 남편을 잃고 아들 들을 키웠으며 마을 주민 중에 입담이 좋은 선량한 사람이다.

두 아들은 커서 성인이 되고 결혼하여 자립했다. 왕금화는 말년에 두 아들의 아이를 다 키운 후 일이 없어서 기독교를 믿기 시작했다.

후에 교우 소아(小娥)에게 속아 '전능하신 하나님교'에 가입했다. 왕금화는 '전능하신 하나님교'에 가입한 후 더는 정식적인 교회당에 가서 예배를 드리거나 기도를 하지 않고 매일 한무리의 사람들과 함께 소아의 집에서 '전능하신 하나님교'의 가정 모임을 가지고 이른바 《전능하신 하나님 당신은 참 좋습니다》, 《동방에서 나타난 번개》, 《하나님의 마지막 논법》등 '전능하신 하나님교'의 교리 서적들을 열독하기 시작했다.

2011년 10월, 왕금화의 큰 아들이 교통사고로 상처를 입고 손녀가 학교에서 조심하지 않아 넘어져서 상했다.

이 사실을 알게된 소아 일행은 "이는 왕금화가 전능하신 하나님을 성심성의로 믿지 않았기 때문에 전능하신 하나님이 왕금화를 징벌하는 것이다. 오직 자기의 전부 저축을 기부하여야만이 전심전의로 '전능하신 하나님'을 믿는 것이다"고 부연했다.

그 후에 왕금화는 정말 아까워서 쓰지 않고 모아둔 저축한 돈을 전부 다 '전능하신 하나님교'에 헌금하고 아들과 손녀를 지켜달라고 기도했다.
그로부터 얼마 안되어 왕금화는 또 연로하고 몸이 허약함에도 불구하고 나가서 《세계종말》 전단지를 뿌리다가 부주의로 발을 헛디뎌 연못에 빠져 죽었다.

유형6 • 핍박당하여 자살한 유형

'전능하신 하나님교'의 여 신도 로경국(卢庆菊)은 물에 뛰어들어 스스로 목숨을 끊었다.

로경국은 안후이성 훠추현(安徽省霍邱县)의 사람이다. 로경국은 속임을 당하여 '전능하신 하나님교'에 가입하였는데 2년후 탈교 의사가 생겼다. 그래서 로경국은 탈교 요구를 제출하였는데 그들은 로경국에게 "만약 '전능하신 하나님'을 믿지 아니하면 반드시 징벌을 받을 것이며 너희 온 집 식구가 멸망 받을 것이며 너의 손자까지도 멸망받을 것이다"고 위협 공갈하였다.

로경국은 교회에서 말을 안 듣는 사람을 징벌할 때에 심하게 때리던 장면을 생각하면서 마음 속으로 비할데 없는 공포감을 느꼈다.

결국 2011년11월에 가족들에게 연루되지 않게 하기 위하여 물에 뛰어들어 스스로 목숨을 끊었다.

유형 7 • 병을 치료하다 죽게 하는 유형

14세되는 량초(梁超)는 '전능하신 하나님교' 신도에 의해 치료받다가 밟혀서 죽었다.

량초(梁超), 남, 14세, 허난 난양(南阳) 사람이다. 그의 어머니는 이름이 조수하(赵秀霞)이다.

량초는 소아마비 때문에 다리를 제대로 못쓰고 절뚝절뚝 걷는다. 조수하는 아들의 병을 치료하기 위해 '전능하신 하나님교'의 신도의 허튼 소리를 듣고 중국 돈으로 만원을 헌금하면 무조건 치료할 수 있다고 생각했다.

2011년 8월16일부터 조수하는 아들을 '전능하신 하나님교'의 신도들에게 맡기어 치료를 진행했다. '전능하신 하나님교'의 신도들은 량초를 긴 나무 판위에 고정시키고 뒤집은 후 일부 신도들은 그들의 이른바 영가를 부르고, 기도하고, 일부 신도들은 벽돌로 누르고 가끔 고함을 치며 짓밟았다. 그리고 하루에 량초에게 한끼만 주었다.

삼일후 량초는 허탈상태에 이르고 체력이 탈진 되고 시달림을 받아서 죽었다.

유형 8 • 보복 협박 유형.

2010년, 허난성의 한 초등 학생이 학교를 마치고 집에 돌아가는 길에 실종 되었다.

나중에 장작 더미에서 그의 시체가 발견되었는데 발바닥에 번개 표식이 찍혀 있었다.
현지 경찰의 조사에 따르면 살해당한 아이의 한 가족이 전에 '전능하신 하나님교'의 신도였는데 탈교를 하려 하자 조직에서 보복 징벌행위를 실시한 것이었다.

유형 9 • 자기들의 의향을 따르지 않으면 구타하는 유형

장범(张帆), 장립동(张立东), 려영춘(吕迎春) 등 사람은 오석염(吴硕艳)을 구타하여 죽게 했다.

오석염, 여, 1977년생, 싼뚱성 쪼왠시(山东省招远市)사람이다. 2014년5월28일 밤, 애를 보는 문제로 남편과 다투고 화가 나서 쪼왠시 맥도날드에 가서 식사를 했다. 마침 '전능하신 하나님교'의 신도 장범, 장립동, 려영춘 등 사람들도 맥도날드에서 식사를 하고 있었다.

그 사이 장범은 장항(张航), 장타(张舵) 남매를 시켜서 그 시각 그곳 맥도날드에서 식사를 하고 있는 모든 사람들의 연락처를 받아 오라고 하고 어린 양1, 어린 양2 등 이름으로 저장했다.

장항이 오석염에게 연락처를 요구할 때 오석염은 장항을 모르고 또 남편과 다투어서 기분도 별로 좋지 않았기에 연락처 제공을 거절했다. 그러자 장범과 려영춘은 오석염을 '악령'이라 생각하고 또 그를 '마귀'라고 저주하면서 그를 빨리 가게에서 나가라고 했다.

그때까지만 해도 오석연은 살의를 예감하지 못했고 남편과 다투어 기분이 안 좋던차라 그들고 충돌이 일어났다. 장범은 맥도날드 안의 의자로 오석염을 향해 내리쳤다. 그리하여 두사람은 서로 때리며 싸우기 시작했다.

현장에 있던 장립동, 려영춘, 장항 등 세명은 오석염을 에워싸고 장범과 함께 그녀를 바닥에 쓰러뜨리고 5분간 지속적인 구타를 했는데 결국 오석염을 죽게 했다.

그 때에 맥도날드 종업원들이 제지하려고 시도했으나 결국 장범, 려영춘 등에게 사단의 종이라는 욕설을 들었다. 직원들은 당황했고 이유를 알 수 없었다. 그리하여 카운터에 가서 경찰에 신고를 했다.

조사에 따르면, 려영춘, 여, 싼뚱성 쪼왠시(山东省招远市)사람이다. '전능하신 하나님교'의 신도인데 1998년에 입교했다.

2008년 8월 려영춘이 여러차례 헌신을 하여 '하나님의 장자'의 신분으로 산뚱성 조왠시의 '전능하신 하나님교'의 신도들을 책임지고 목양했다. 그녀의 교파 내의 지위는 '전능하신 하나님교'의 조직 기구중의 소 구급 책임자에 상당했다.

장범, 여, 허뻐이 우지현(河北省无极县) 사람이고 전에 중국 매체대학에서 광고 영어를 배웠었다. '전능하신 하나님교'에 가입한 후 영적 이름을 '하와'로 지었다. 그 후 려영춘에 의해 '신자아'(神自我)로 간증되었다.

2007년, 장범은 안후이에 있는 고모네 집에서 《하나님의 비밀스러운 사역》이란 책을 읽고 '전능하신 하나님교'와 접촉하기 시작했다.

2008년에 려영춘과 인터넷을 통해 알게 되었고 자주 연락했다. 장범은 려영춘이 '전능하신 하나님교'의 '하나님의 장자'인것을 알고 고향을 떠나 려영춘을 따라 싼뚱성 쪼왠시로 와서 려영춘이 조직하는 '전능하신 하나님교'의 모임 행사에 참가하였다.

2008년 말에 장범은 고향인 허뻐이성 우지현에 돌아가 사업에서 성과가 좀 있는 아버지 장립동(张立冬)에게 선교해서 성공했다. 동시에 모친 진수연(陈秀娟)과 여동생 장항도 가입했다.

2009년 장범네 온 집식구들은 쪼왠시로 이사해왔다. 장범이 전체 가족을 동원하여 '전능하신 하나님교'를 믿게 하고 여러차례 아버지 장립동을 부추켜 가정 재산을 '전능하신 하나님교'에 헌신하게 했는데 전후 합계가 중국돈으로 1000여만원에 달했다. 그리하여 려영춘 등 사람들로부터 이른바 '신자아'(神自我)로 간증되었다.

그 후 장범은 려영춘과 함께 쪼왠시의 각 곳에서 빈번하게 모임을 조직하고 신도를 발전 시켰으며 '전능하신 하나님교'의 선전자료를 대량 인쇄했다. 그 자료들로는 《말씀이 육신에서 나타난다》, 《일곱천둥이 소리를 내다》 등등이다.

본 사건 중 장범과 그의 아버지 장립동은 모두 사형을 선고 받았고, 려영춘은 무기 징역을 선고 받았다.

동시에 본 사건중 가장 사람을 심사숙고하게 하는것은 바로 상술한 3명이 사람을 죽인 이유에 대한 변호이다.

예를 들면, 려영춘은 "저는 그 여자를 보는 순간 저의 전에 했던 판단을 확인했습니다. 그녀는 바로 저를 공격하러 온 사악한 령입니다." 라고 했다.

장범은 "려영춘이 저한테 알려줄 때 이상한 기류가 흐르고 있는 걸 아주 뚜렷하게 보았어요. 그때는 바람이 한점도 없었는데 말입니다. 저는 분명하게 이상한 기류가 흐르고 있는것을 느꼈습니다. 악의 령, 초자연적인 힘이 우리를 습격했습니다. 저는 그녀가 피해자라고 생각하지 않습니다. 그는 사악한 령입니다. 저는 '신자아'(神自我)이고 저는 악의 령과 인간의 영혼을 구분할 수 있습니다. 사형을 받더라도 우리는 죽지 않습니다."라고 했다.

장립동은 "저는 대걸레로 그녀를 때렸습니다. 왜냐하면 장범과 려영춘이 그녀가 악의 령이라고 했기 때문입니다. 대걸레가 부러진후 저는 발로 그녀의 머리를 밟았습니다. 발끝으로 밟았습니다. 당시 그녀는 이미 움직이지 않았습니다. 그녀를 죽이려 한것이 맞습니다."

(본 사례의 정보의 출처는 싼둥성 앤타이시《2014 연형일초자 제48번 형사판결서》《2014烟刑一初字第48号刑事判决书》이다.)

후기

동방번개의 십계명

동방번개는 10조행정(十條行政)이라고 하는 새로운 십계명을 다시 만들어서 십계명을 지켜야 한다고 가르치는데 다음과 같다.

- **1계명:** 사람은 하나님만을 경배하고 높여야 하며, 자신을 망령되이 여기거나 스스로 높이지 말라
(여기서 말하는 '하나님'은 '여 하나님', '여 그리스도' 양향빈을 말한다.)
- **2계명:** 사람은 하나님의 일에 유익하여야 하며, 하나님의 일을 방해해서는 안되며, 하나님의 이름을 잘 지켜야하고 하나님에 대해서 간증하여야 한다.

- **3계명:** 사람은 금전, 물질뿐 아니라 모든 재산이나 재물을 하나님에게 드려야 한다. 이 재물은 제사장과 하나님 외에 사용하거나 누릴 수 없다. 왜냐하면 사람이 바친 재물은 하나님을 즐겁게 하기 위한 것이기 때문에 하나님은 제사장과 같이 재물을 향유하고 사람은 이러한 자격과 권리가 없다.
(모든 물질과 재산, 제물을 '전능하신 하나님교'에 바치라고 가르친다. 그리고 여기서 말하는 '제사장'은 조유산을 말하고, '하나님'은 양향빈 '여

그리스도'를 말한다. 즉 그 둘 만이 재산과 재물을 사용할 수 있다는 것이다)

• **4계명:** 사람은 부패한 성정을 가지고 있을 뿐 아니라 감정을 갖고 있기 때문에 봉사를 위하여 인원을 배치할 때에 누구도 예외없이 이성간에 짝을 이루지 않도록 해야 하고 만약 발견되면 추방한다.
(교인간의 이성교재를 금지한다)

• **5계명:** 사람은 하나님과 하나님의 일을 마음대로 말하지 말아야 하며, 각기 자기의 할 일과 할 말만 할 것이며 범위와 한계를 벗어나지 않도록 하고 자기의 입과 걸음을 지켜야 한다.

• **6계명:** 너의 해야 할 일만 하고 너의 의무를 다하고, 너의 직책을 이행하고, 네 본분을 지키고, 하나님을 믿으며 하나님의 일을 위해 일하고 그에게 모든 것을 드려라

• **7계명:** 사람 교회에 봉사하는 중에 하나님에게 순종하여야 하며, 또한 성령이 사용하는 사람의 말을 들어야 하고 절대 복종해야 하고, 시비를 분석하지 말라. 옳고 그름을 판단하는 것은 하나님의 일로 너와 무관한 것이고, 너는 절대적으로 순종만 하라
(여기서 말하는 '성령이 사용하는 사람'은 조유산을 말하는데, 조유산의 명령에 절대 복종하고 옳고 그름을 판단하지 말라는 것이다)

• **8계명:** 사람이 하나님을 믿으니 당연히 하나님께 순종하고 사람을 높여서는 안되고 사람을 바라보지 말라. 네가 숭배하는 어떤 사람이라

도 하나님과 동등히 여겨서는 안되며 사람으로 여겨야 한다.

• **9계명:** 사람들은 당연히 교회 일을 생각하여야 하며, 육에 속한 장래의 일을 내려 놓아야 하고, 가정과도 단절해야 하고, 오직 온 마음과 뜻으로 하나님의 일에 집중해야 한다. 하나님의 일을 우선으로 하고, 자신의 생활을 뒤로 하는 것이 성도의 마땅한 본분이다.
(장래를 위한 일도 포기하여야 하고 가정도 단절하여야 한다는 것은 이들의 사이비성을 증거하는 것이다)

• **10계명:** 하나님의 집에 사람이 부족하지 않기 때문에 안믿는 친척(자녀, 남편, 아내, 자매, 형제, 부모들)은 억지로 데려 오지 말고, 필요없는 사람이 와서 머리수를 채우는 것도 필요없고, 자원한 마음이 없는 사람도 교회로 데리고 오지 말라.
(교회에 대한 비난과 분쟁을 피하기 위하여 자원하지 않는 가족과 친척은 교회로 데리고 오지 말라고 가르친다)

이 십계명을 보면 그들의 조유산 자신과 여 그리스도만을 위한 독단적이고 반도덕적인 사이비성이 보이게 된다. 보편적인 신앙에 대한 조항에 대한 것이 아니라 자신들의 조직만을 위한 규칙이기 때문이다.

(동방번개 10계명 출처 : 예레미야 이단 연구소)

中國기독교 이단
조유산과
동방번개의
실체

저자 | 고바울 목사
펴낸이 | 고바울 목사
전화 | (031)470-3323

발행일 | 2017년 10월 27일(1판1쇄)
발행처 | 도서출판 북소리
등록 | 제380-2012-0008호
주소 | 성남시 중원구 둔촌대로 30É
전화 | (031)713-0372

- 저자와 협의하에 인지를 생략합니다.
- 이책의 저작권은 저자에게 있으므로 저자의 허락없이 내용의 일부 혹은 전부를 인용하거나 발췌하는 것을 금합니다.